LAS DOS CARAS
DEL ÉXITO
ENFRENTANDO EL FRACASO

JUAN MANUEL SÁNCHEZ

Liderate
Leadership Trainings

J. MANUEL SANCHEZ

Las Dos Caras del Éxito

Enfrentando el fracaso.

JUAN MANUEL SANCHEZ

Este libro está basado en la tesis con el propósito de lograr la certificación como Coach integral.

Junio del 2013

Mentora: Juliana Henao

ACCA- Academia de Coaching y Capacitación Amerilideres.

J. MANUEL SANCHEZ

ÍNDICE

J. MANUEL SANCHEZ

PRÓLOGO

por Juliana Henao.

Tengo la convicción que cuando alguien llega a tu vida, lo hace porque hay un propósito en ese encuentro, y un acuerdo que cumplir. Y esa creencia toma mayor validez en mí, cuando se trata de alguno de mis estudiantes o aprendices.

Juan Manuel Sánchez fue mi aprendiz en el año 2013 cuando yo trabajaba para una empresa que brinda cursos de certificación en Coaching. Yo fui su mentora de base y desde entonces hemos estado en contacto. Desde la primera clase de orientación observé que Juan Manuel tenía una gran creatividad e ingenio, lo que fue adquiriendo más veracidad durante los siguientes meses en los que trabajamos juntos, sumados a una actitud positiva y de triunfador.

No es casualidad que su libro precisamente se titule Las Dos Caras del Éxito.

En su proceso para convertirse en Entrenador de Vida o Life Coach en su traducción al inglés, Juan Manuel mostró disciplina, perseverancia, y un gran compromiso, sobre todo consigo mismo: de reconocer sus propias debilidades y puntos fuertes; de observarse así mismo sin máscaras y poder apreciar todo su potencial.

Recuerdo una de las asignaciones en las que se pedía a los aprendices realizar una presentación en video acerca de un tema específico. Juan Manuel, aunque se había preparado, no hizo una buena presentación. Los evaluadores le pidieron repetirla. Inicialmente Juan Manuel se sintió defraudado, pero pronto comprendió que el fracaso era solo una forma de mostrar que con algunos cambios podría tener una presentación de calidad. Así sucedió, y con los ajustes necesarios, Juan Manuel obtuvo una muy alta calificación por su desempeño.

Siento mucha admiración y reconocimiento hacia Juan Manuel. Su vida es un ejemplo de superación hacia un camino exitoso. Decidió hacer cambios personales, los que de la mano de Dios, cada día le han llevado a vivir desde lo cotidiano hacia el triunfo. Esto lo vive junto a los seres que más ama, su esposa e hijos. También comparte con los demás, a través del teatro y de su trabajo en el área del coaching, los recursos para lograr una vida plena.

Estas páginas te invitarán a disfrutar de los fracasos, y a verlos como un puente hacia la realización de muchos de tus sueños y anhelos; en ellas encontrarás pautas y guías relevantes, hasta cuando decidas vivir tú también, una vida de éxito.

Juliana Henao
Coach de Vida y Mentora.

J. MANUEL SANCHEZ

PRESENTACION

por Ray Arellano.

Cada día, aparecen nuevos libros que tienen la honesta y bien intencionada finalidad de ser un medio de ayuda, inspiración y guía para sus lectores. Cada uno de estos libros, traen consigo el conocimiento y la inspiración de su escritor. Sin lugar a dudas debe haber un gran número de estos libros que son un verdadero aporte al Universo literario del desarrollo personal, pero habrá otros que desafortunadamente pasarán desapercibidos, solamente adornando la estantería de su escritor.

Este fenómeno, seguramente no solo pasa en el área de los libros, sucede en cada aspecto de la vida. Hay incluso personas que son maravillosos seres humanos, pero que por diversas razones, no aportan nada de valor a este mundo y son solo un número en la humanidad; lo más curioso es que esto pasa por decisión propia.

Hace un año atrás, recibí una invitación telefónica por parte de Juan Manuel Sánchez, a tomar un café en la ciudad de Downey y de inmediato hubo química en nuestra plática. La charla se tornó en un intercambio de ideas, anécdotas y consejos en ambas vías y a partir de ese momento el proyecto Liderate y en específico la página de Facebook de esta comunidad se convirtió en una de las pocas páginas que sigo visitando con frecuencia en esta red social.

A partir de ese momento, se dio el intercambio mutuos de "likes" y mi admiración para Juan Manuel, se acentuó cuando sus videos de la interpretación de un "español" en Youtube. No es fácil ser diferente en un mar de opciones en el área del coaching y Juan Manuel lo estaba consiguiendo. Las frecuentes fotos en las redes de sus estudiantes al finalizar algún estudio o programa, denotaban algo que cuando conocí a Juan Manuel noté de inmediato; este hombre transmite felicidad y coherencia.

El éxito estaba con mucha justicia "vistiendo la camiseta" de Liderate...y de repente llegó un invitado inesperado, ¡el coronavirus! y todos nos vimos obligados a confinarlos en nuestras casas y no pudimos salir por un largo periodo, y fue justo ahí cuando, curiosamente la amistad con Juan Manuel creció. Yo había escrito un libro en el año 2019 y ahora está recibiendo el honor de aconsejar a alguien a quien de alguna forma, yo estaba admirando por su trabajo como coach de vida; obviamente no me negué a la oportunidad de colaborar con Juan Manuel.

Me complace aseverar que este libro, es un reflejo

claro de lo que es Juan Manuel. Es un libro que no tiene rodeos, va directo a lo que el lector necesita leer y con una explicación suficientemente clara y entendible, pero además y que es algo que lo diferencia de otros libros, que está escrito por un ser humano que nos relata aspectos de sus propios fracasos y como alcanzó el éxito, vaya, lo que el libro pretende enseñarte, es sin duda un camino que ya el escrito recorrió y lo hizo más de una vez.

Hoy, Juan Manuel consigue un éxito más en su triunfante carrera como "servidor de la humanidad" y hoy tú querido lector, tienes la incomparable oportunidad de aprovechar todo lo que Juan Manuel ha aprendido en su amplia trayectoria profesional y existencial.

¡Aprovecha esta oportunidad, porque este libro no es del montón, ya que su escritor es un ser diferente!

Ray Arellano

Escritor, Empresario y Coach de vida.

J. MANUEL SANCHEZ

AGRADECIMIENTOS

Agradezco enormemente a la vida, a infinitamente a **Dios**, por crear quien soy y regalarme talentos únicos y especiales, porque por Él tengo vida y me fortalece en los momentos difíciles, porque toda inspiración proviene de Él.

Manuel y Eloísa mis Padres por darme la vida, por su paciencia, sus cuidados y consejos.

Silvia Sánchez, mi esposa, gracias por tu apoyo, comprensión y por estar a mi lado en cada momento, porque mis éxitos son los tuyos, con todo mi amor.

Augie, mi hijo mayor, por ser quien tu eres y por enseñarme mucho y por ser paciente y amoroso.

Janko, mi hijo pequeño, que con sus caricias y juegos me distrajo mientras escribía este documento.

Juvia mi bebe porque me trajo una nueva oportunidad y alegría a mi vida.

Amerilíderes, al Presidente, Jeff García y a todo el equipo de la Academia, gracias por el apoyo, Gracias a todos mis mentores, Livia Morales, Jacqueline Betancourt, Carmen T. Luengo, Odalys Benavides y a todo el Staff por su tiempo y en mi proceso.

Juliana Henao, Mi coach y mentora durante todo mi proceso como aprendiz, gracias por todo. Has sido pieza clave, por tu dedicación, compromiso y todo tu Ser.

A todos los que de una u otra manera han contribuido en mi proceso de transformación, Jorge Meléndez, Patricia Villamil, Beatriz Meléndez, Lulú Meléndez, John Hanley, al grupo de jóvenes CAVERVI y tantos otros que forman parte de mi historia.

INTRODUCCION

Quizás en algún momento de tu vida te has preguntado, ¿Por qué hay gente que tiene éxito y otra está sumergida en el fracaso? , ¿Por qué hay gente feliz y otros desdichados? ¿Por qué hay gente que tuvo el éxito y ahora está derrotada, en el fracaso? O quizás tú mismo te sientes fracasado en este momento.

Cuando pensamos en el éxito, encontramos que también nos viene a la mente el fracaso, vemos al fracaso como algo negativo que nos ocurre, un resultado no deseado que nos hace sentir mal, una sensación o emoción negativa. Durante nuestra vida, nos han enseñado un significado equivocado de la palabra fracaso, pensamos que fallar es malo, la mayoría de las personas prefieren no tomar el riesgo por miedo a equivocarse, fallar, o fracasar.

Para la mayoría la palabra fracaso significa, pérdida, derrota, error, tragedia, frustración, angustia, ausencia de metas y deseos, y otros tantos significados.

Todos tenemos nuestra propia interpretación de Éxito. El valor que tú le des a la palabra fracaso y a la palabra éxito, será el mismo valor que le des en tu vida. Si crees que el éxito es un destino final o un lugar donde estar, pensaras de la misma manera del fracaso y te será difícil salir de ahí.

Tus pensamientos te alejan o te acercan al éxito, renueva tu mente, no permitas que las emociones controlen tus acciones, evita los niveles de estrés y de frustración.

Todos en algún momento de nuestras vidas nos hemos equivocado; tenemos ese derecho y también tenemos la oportunidad de transformar el fracaso en un éxito. Tenemos todo para volver a comenzar.

Transforma tus pensamientos negativos en positivos, fortalece tu autoestima y actitud. Date la oportunidad de leer este libro, donde te comparto una investigación que realice para aplicarlo en mi propia vida, aquí te presento el resultado de mi investigación, encontraras temas, herramientas y preguntas poderosas que pueden apoyarte para que logres tu máximo potencial, encuentres el éxito y sobre todo, la plenitud.

*"Atrévete a soñar, atrévete a creer que es posible,
comienza a sentirlo y crearlo,
veras que tu sueño ya es real"*

• Cómo comenzó todo

A la edad de 18 años tomé la decisión de emigrar a los Estados Unidos. Con unos dólares en mi bolsillo, una mochila y dos cambios de ropa, decidí dejar mi pueblo en el estado de Guanajuato, México. Aún recuerdo la tristeza con la que me despidió mi madre, con lágrimas en sus ojos me dio su bendición, yo no tenía palabras, el miedo y las emociones me impidieron decir algo, con un nudo en la garganta salí de mi casa.

Mientras el autobús salía del pueblo, pude ver el jardín donde tantas veces jugué con mis amigos y la paletera donde alguna vez me comi una paleta de nuez; a través de la ventana vi las calles donde crecí y que se estaban quedando atrás, en esos momentos pensaba si valdría la pena dejar a mi familia, amigos, mi casa, escuela...

Muchas cosas que viví en esa época; se que como inmigrante, muchos también las pasaron y sé que otros más han vivido situaciones más difíciles, pero también sé, que esas mismas situaciones nos han hecho fuertes.

Ante cualquier situación difícil traía a mi mente la razón de porqué estaba aquí, la visión que tenía en ese momento bien valía la pena "el sueño Mexicano". Emigrar al país más poderoso del mundo, conseguir un trabajo, gastar poco, y ayudar a mi familia, y juntar un dinero para regresar a mi pueblo y hacer un negocio; esa era mi visión y estaba tan claro que lo podía lograr y eso fue lo que hice. Esa visión por lograr el éxito me dio la fuerza para hacerlo durante los próximos años.

Al paso de los años después de haber logrado mi meta de ayudar a mi familia, descubrí que ya no sentía el deseo de regresar a mi país de origen y decidí establecerme en Estados Unidos. Abrí un pequeño negocio y comencé a donar mi tiempo en la comunidad y hacer teatro, una actividad que me apasiona. En esa época descubrí mi deseo ardiente de ayudar a otras personas, durante algunos años doné mi tiempo a la Iglesia, llevando mensajes por medio del teatro.

Al paso del tiempo dentro de las actividades de la Iglesia, conocí a la mujer que hoy es mi esposa, puedo decir que me enamore irracionalmente porque a los 4 meses de novios le propuse matrimonio. Al tomar esta decisión me encontré en una encrucijada, tomar la responsabilidad de formar una familia y ajustar el tiempo que dedicaba a la Iglesia. Mi razón de ser ahora era mi familia y darles lo mejor, la meta a lograr ahora era "El Sueño Americano", ¡comprarnos nuestra casa!

Durante los próximos años, me dedicaría a trabajar duro para comprarnos nuestra casa y así fue en el 2006, en el boom de la venta y compra de casas, por fin compramos la nuestra. En esa época me sentía realizado, exitoso, la vida me sonreía, había logrado lo que me había propuesto, Mi matrimonio con mi esposa, a la que amo, mis dos hijos, un excelente trabajo con un buen salario, nuestra casa, autos, salud, ¿qué más podía pedir?

En el 2009, mi cuñada me invitó a vivir unos talleres que cambiarían mi vida por completo. Cuando ella me hablo de estos procesos de transformación, yo no quería saber nada al respecto. Lo primero que le dije fue: *"No tengo tiempo"*. Ella me respondió que solo era un fin de semana y me contó lo mucho que ella había aprendido, a lo que le conteste: *"Yo ya no tengo nada que aprender";* así concluyó nuestra conversación. Durante un tiempo mi esposa me insistía que fuéramos, hasta ese momento yo no me daba cuenta porque ella quería que fuéramos, yo siempre contestaba lo mismo: "Mi vida estaba resuelta". Después de tanto insistir accedí a vivir los procesos, si te soy sincero busque todas las excusas. Si me preguntas que paso el primer día, no lo recuerdo porque yo estaba tan preocupado por el trabajo, tal era mi obsesión que cada vez que tenía oportunidad, salía a hablar por teléfono y asegurarme que todo estaba bien. No fue sino hasta el segundo día que el entrenador se dio cuenta de eso y en una oportunidad me solicitó que pasara al frente y comenzó una conversación tan poderosa que transformó mi manera de pensar. *(Aquí comparto parte de esta conversación)*

- Pregunto: ¿Qué es lo que más te ha impactado hasta ahora?

- *Respondí tajantemente: muchas cosas.*

- Entiendo … ¿Cuál es tu sueño de vida?
- *Respondí con seguridad: lo que estoy viviendo, ya lo logré.*

- ¿Qué más hay para ti?, ¿Qué sigue?
- *Confundido dije: es todo, yo ya llegué al éxito.*

- Se quedó mirándome y no dijo nada.
- *Le pregunté si podía sentarme.*

- Luego dijo: ¿Entonces no hay nada más para ti?
- *Le respondí retante: ¿No lo sé, tú lo sabes?*

- ¿Te gustaría saberlo?
- *Si, conteste.*

- ¿Qué soñabas cuando eras niño?
- *En ayudar a la gente, hacer teatro… escribir, ser feliz.*

- ¿Lo estás haciendo ahora?
- *Sorprendido conteste: No*

- ¿Por qué No?
- *Con lágrimas en los ojos conteste: ¡No lo sé!*

"¿De qué le sirve al hombre ganarse al mundo si se pierde a sí mismo?"

Mateo 9:25

Fue entonces que comprendí que deje de hacer muchas cosas que me gustaban, que me empoderaban, me daban energía, deje de hacer cosas que me apasionaban y entendí porque mi esposa insistía que viviéramos estos talleres. Hacía mucho tiempo que estaba viviendo una rutina que estaba matando nuestra relación y no solo eso me estaba perdiendo de los mejores años de mis hijos. Estaba tan obsesionado con el trabajo que la mayor parte del tiempo me la pasaba en el y todo lo que hablaba tenía que ver sobre el trabajo, pocas veces me daba el tiempo de escuchar a mi esposa y jugar con mi hijo, me había convertido en un "workaholic".

Después de vivir los procesos, comencé a ver todo a mi alrededor diferente, pude ver mis fallos y darme cuenta que estaba atrapado en creencias que no me estaban beneficiando.

En esos años el país estaba pasando una crisis económica, la industria de construcción estaba pasando por sus peores momentos y esto afectó considerablemente mi trabajo, puesto que la compañía en la que trabajaba, tenía que ver con construcción; como asalariado mi cheque estaba garantizado, sin embargo los contratos bajaron considerablemente y los directivos decidieron cortar personal; esto causó que como supervisor comenzará a hacer diferentes funciones para mantener a flote la producción, como resultado más horas de trabajo, más problemas, más exigencias, más reclamos y todo por el mismo pago.

El empleo de mis sueños se estaba convirtiendo en una pesadilla. Además junto con eso nuestra casa bajo hasta un 30% de su valor y esto me provocaba frustración. Esa misma frustración por lo que estaba ocurriendo y el no tener el control de las circunstancias, me estaban causando estrés y depresión. No me sentía satisfecho con mi trabajo y no lo podía dejar porque tenía el compromiso de la propiedad. Estaba la mayor parte del tiempo irritable, pensando que hacer, me estaba enfermando y me resistía a perder la propiedad que había significado tanto para nosotros; significaba reconocer que me había equivocado, que había sido una mala inversión, todos sabrían de mi fracaso... *"El sueño Americano" se me iba de las manos*. Me sentía fracasado, abrumado, confundido, con miedo, defraudado y a menudo buscaba culpar a otros por la situación, a los bancos, al gobierno a quien fuera para sentirme mejor.

Fue así que comencé con mi trabajo de autoconocimiento, a trabajar en mis emociones, creencias, pensamientos, y entender cómo había comenzado todo, tomar responsabilidad y hacer algo diferente. Así en la búsqueda, es que he encontrado las respuestas y fortaleza para salir adelante.

Me di cuenta que la creencia que yo tenía del éxito me había llevado a estar precisamente en el fracaso y cómo salir de allí.

Un año después, renuncié a mi trabajo con la seguridad que todo lo que necesito lo tendré y que el éxito está en hacer lo que me apasiona... ¡Apoyar a otros seres humanos a encontrar el verdadero éxito!

"Si amas lo que haces y si haces lo que amas, entonces sucede magia".

"Elige hacer lo que amas y no tendrás que trabajar ni un solo día de tu vida"

Confucio.

CAPITULO I
ÉXITO VS FRACASO

¿Qué es Éxito?

EL significado de Éxito es diferente para cada persona, hay una gran diversidad de interpretaciones, esto es porque somos seres únicos con una gran combinación de talentos, gustos, actitudes, virtudes y defectos, existe una gran diversidad de maneras de ser. Es por esta razón que no podemos pretender que lo que una persona considera éxito sea éxito para todos. Algunas personas consideran éxito la realización de una profesión, en la música, actuación, para otros ser un empresario millonario, doctora, maestro o dedicarse a ayudar a otros seres humanos, líderes como Madre Teresa, César Chávez, Martin Luther King, etc. No necesariamente tienen que ser actividades llamativas, ser una excelente madre o padre , algo tan simple como ganar un partido de fútbol, ahorrar dinero, otro empleo, o dejar de fumar.

El diccionario le da diferentes definiciones:
- Triunfo resultado feliz de una acción o suceso
- Victoria, cosa que supone un resultado feliz

- Aceptación de alguien o algo por parte de gran cantidad de gente.
- Fin de un negocio o dependencia.

Sinónimos de Éxito:

Triunfo, Victoria, Fama, Prestigio, Aceptación.

Éxito viene del término de latín *exitus* ("salida"), el concepto se refiere al efecto o la consecuencia acertada de una acción o de un emprendimiento.

El Éxito consiste en hacer aquello que nos hace sentir feliz y está ligado a vivir una vida balanceada. Suena sencillo sin embargo, esto puede resultar algo más complejo; durante el camino por la vida a veces perdemos de vista aquello que nos hace sentir realmente felices y en la confusión terminamos haciendo cosas que están completamente alejadas de aquello que nos apasiona, nos da felicidad y nos atrae al éxito. A veces pensamos que el éxito debería ser algo ostentoso y queremos complacer las exigencias o expectativas de otras personas. Hay muchos ejemplos de personas que aparentemente son exitosas y en el fondo se sienten fracasados, el éxito no tiene que ver con lo externo, es más bien lo interno que determina el éxito y se ve reflejado en lo externo.

La mayoría de los seres humanos nos encontramos en la búsqueda del éxito, anhelamos que nuestra vida mejore, y sobre todo que nuestros problemas financieros se resuelvan. Quisiéramos que el éxito tocará a nuestra puerta y que se cumplieran nuestros sueños.

Nuestros sueños dependen de cada uno de nosotros, fundamentalmente de la autoestima y el compromiso para lograr nuestros objetivos, tener altas expectativas y tomar acción, el éxito no puede ir relacionado con la mediocridad o el negativismo.

> **"El éxito no es la clave de la felicidad.**
> ***La felicidad es la clave del éxito".***
>
> *Albert Schweitzer*

Los seres humanos fuimos creados para vivir y no para existir, vivir una vida en plenitud, abundancia y ser feliz.

La felicidad es una elección y una actitud de la mente. La razón por la que se ha vuelto difícil permanecer feliz es que hemos entrado en el hábito de crear pensamientos y sentimientos negativos. Darle vueltas una y otra vez a tal negatividad en la mente es como beber agua contaminada. Sólo nos enferma.

Cuando la mente y el corazón no se entienden entre sí y no funcionan, es complicado estar en armonía, en paz o sentirse feliz. Muchas personas se encuentran en una lucha constante entre lo que quiere su mente y lo que quiere su Ser natural; en una búsqueda constante de alcanzar sus metas o deseos creando confusión y como resultado el estrés. O posiblemente en esa lucha se han dado por vencidos y caen en la depresión, esto genera frustración, desilusión, baja autoestima, que los aleja de sentir felicidad.

Por alguna razón hemos aprendido que para ser felices hay que hacer algo, tener algo material, ser exitoso, ser reconocido o admirado, olvidando quienes somos realmente, y el verdadero sentido de la vida, de la abundancia y la prosperidad, incluso olvidándonos de nosotros mismos, de nuestras familias por alcanzar eso que llamamos felicidad.

¿Qué es el fracaso?

El estilo de vida de la sociedad actual y el estímulo permanente de la competitividad genera que el fracaso sea visto como un estigma. Los *"ganadores"* son reconocidos en muchos casos idolatrados, mientras que los *"perdedores"* son mal vistos y obligados a pagar por sus fracasos. En la mayoría de los deportes se promueve ganar, debe de haber un ganador y un perdedor; en las películas hay un buen ganador y un mal perdedor; la estructura escolar determina el éxito de los estudiantes calificando constantemente los resultados.

El diccionario le da diferentes definiciones:

- Resultado adverso de algo.
- Suceso adverso e inesperado.
- Caída estrepitosa.
- Fallo de una empresa.
- Suceso lastimoso.
- Frustración, suceso adverso.

Sinónimos de Fracaso:
- Malogro
- Frustración
- Fiasco
- Derrota
- Desilusión
- Decepción
- Desengaño
- Chasco
- Aborto
- Fracasos sentimentales o Emocionales.

Fracaso viene del latín frustratio, la frustración es la acción y efecto de frustrarse por no obtener un resultado esperado.

En concreto se considera que dicho término emana del vocablo italiano *fracassare* que puede traducirse como "estrellarse" o "romperse".

El rechazo social al fracaso promueve un mecanismo defensivo en la gente, que la lleva a no reconocer los fallos y las limitaciones personales. El hecho de cometer errores y no responsabilizarse por ellos constituye una incapacidad humana.

El miedo al éxito, según la psicología, es una condición que se manifiesta en quienes presentan un temor asociado a las consecuencias y responsabilidades que el éxito podría acarrear en sus vidas. Este tipo de personas tienen miedo consciente o inconsciente de no ser capaces de preservar el éxito una vez hayan arribado a él y, en consecuencia, temen al fracaso. Asimismo, el miedo al éxito puede vincularse al sentimiento de no creerse merecedores del éxito, a la falta de confianza en sí mismos, o al temor al rechazo social por parte de la comunidad. Como tal, las personas con miedo al éxito obran, de manera consciente o inconsciente, para obstaculizar o arruinar la posibilidad del éxito.

Existen personas que quieren tener una familia feliz pero no la valoran lo suficiente y no se esfuerzan para que así sea, quieren ser una persona profesional exitosa pero no se preparan profesionalmente, quieren tener libertad financiera pero no están dispuestos a hacer sacrificios; entonces sus metas serán casi imposibles que las tengan.

Por otra parte, podremos encontrar gente exitosa a la

vista de muchos pero que se enfocan en hacer y olvidándose de ellos mismos. Esto les dará como resultado logros materiales o satisfactores externos, o que su felicidad está determinada por elementos externos. El éxito no se mide en diplomas, ni en viajes, ni en millones, ni en aplausos. La felicidad no está garantizada por estos resultados, existen muchas personas famosas, admiradas o exitosas, que sin embargo se han quitado la vida.

J. MANUEL SANCHEZ

CAPITULO II

LAS CREENCIAS

Mi Padre es un hombre muy responsable , trabajador y respetado, desde muy joven emigraba a los Estados Unidos para trabajar por temporadas. Mis hermanos y yo crecimos en un hogar donde él estaba unos meses con nosotros y otros lejos de nosotros, por tradición familiar la mayoría de mis tíos hacían lo mismo, lo que escuchábamos la mayoría de veces fue que en México la vida es muy difícil y que para salir adelante solamente emigrando a los Estados Unidos se podía lograr lo que yo llamo el *"sueño mexicano"*. Emigrar, encontrar un buen trabajo, gastar poco, ahorrar lo más que se pueda y regresar a nuestra tierra. Estas creencias para mí siempre fueron ciertas y de alguna manera me causaban un desinterés por estudiar o ver una forma de hacer algo en mi ciudad de origen. De tal manera que cuando cumplí la mayoría de edad, seguí con la tradición familiar, años más tarde cuando me case, adopte otra creencia, "El sueño americano", la mejor inversión comprar nuestra casa. La pregunta ahora es ¿Realmente estas creencias son ciertas?

La mayoría de nuestras creencias provienen desde nuestra infancia; a través de la vida vamos formando nuestras creencias y valores; estos se han convertido en filtros inconscientes que usamos para interpretar la información que recibimos a través de los sentidos y decidimos que parte de la información dejamos entrar y cuáles no.

Las creencias están íntimamente ligadas a la personalidad, a simple vista nos parecen razonables y pocas veces nos detenemos a analizarlas objetivamente. Las creencias son muy reales, aunque sean negativas creemos que están ahí por alguna razón y hemos recogido evidencia para respaldar estas creencias.

Las creencias son generalizaciones que hacemos sobre nuestras experiencias vitales haciéndonos creer que es una realidad o una verdad; mi propia verdad. Las creencias positivas pueden darnos vigor, poder e impulsarnos hacia el éxito, sin embargo las creencias negativas, nos debilitan, limitan y pueden arrastrarnos al fracaso.

Estas creencias limitantes son aprendidas desde la niñez de nuestros padres, maestros y todo nuestro entorno. Las creencias limitantes aparecen en tus pensamientos diciendo: "No puedo", "Eso es imposible", "No debería", "No es correcto", "No podría", "No lo merezco", "Así soy", etc.

"Si crees que puedes tienes razón y si crees que no puedes también tienes razón"

Henry Ford

Un conjunto de creencias se conoce como un "sistema de creencias" y este sistema sustenta nuestros valores. Los valores son la razón o el porqué hacemos algo. Las creencias dirigen nuestro comportamiento y este nos ayuda a cumplir con nuestros valores.

Todas las creencias negativas tienen origen en algún temor (temor al fracaso, al éxito, al rechazo o al ridículo) el cual puede llevarte a aplazar las decisiones o tomar acción. Puedes apoyarte en la transformación de la sensación de temor en excitación que te empodere a tomar acción.

- Temor al fracaso: Creencia de no ser lo suficiente.
- Temor a la vergüenza: Creencia de ser ridiculizados.
- Temor al Éxito: Creencia de estar solo, de exigencia, de algo abrumador.
- Temor al rechazo: Creencia de ser el único rechazado.

• Paradigmas

Las fijaciones mentales negativas son imágenes a las que la mente se dirige, de manera que cada vez que tu vida y tu acción giran alrededor de algo o alguien esto genera un pensamiento y una imagen que se torna en una obsesión y bloquea instantáneamente tu capacidad de discernimiento y resolución.

Existen fijaciones como lo que otros nos hicieron, o nos han hecho sentir, puede ser también si idolatramos a una persona y queremos ser igual a ella. Los pensamientos limitantes son fijaciones idólatras, fijas y negativas. Otras fijaciones son las que tenemos por teorías hechas por otras personas o por nosotros mismos, Los prejuicios, una imagen precipitada negativa también son fijaciones.

Estas fijaciones son marcos mentales, estos aprisionan tu mente y tus emociones, bloquean tu creatividad, tu potencial y tu capacidad de decisión. De tal manera que esta información estará en tu subconsciente, así que ya no estarás consciente, estarás accionando en "piloto automático". Los límites que nos hemos formado mentalmente, estas ideas, son llamadas paradigmas. Son ideas que creemos son verdades, pero que en realidad son falsas.

Todas estas teorías constituyen sistemas de pensamientos falsos que limitan nuestra mente para conformarse. También los éxitos que ya has logrado pueden ser limitantes si permites estar en tu "Zona Cómoda" y no te estás retando a nuevas metas.

Existen muchos dichos populares adoptados como leyes de vida, cuando adoptamos creencias como así fue, así es y así será, dejamos de crear posibilidades.

Ejemplos:

- La tierra es plana, (hasta que se descubrió un nuevo continente).
- Todos somos necesarios pero...
- Más vale pájaro en mano... (No existiría WallSt)
- Más vale Malo conocido... (No se habrían inventado los televisión a color, Iphone, tablets)
- En la guerra y el amor todo se vale... (¿Qué pasaría si se trata de tu hijo?)
- Árbol que nace torcido... (Beethoven no hubiese compuesto música).

- **Interpretación**

En la vida nos relacionamos y respondemos al mundo que nos rodea de acuerdo a cómo procesamos la información que recibimos del exterior. Respondemos de acuerdo con nuestra propia experiencia personal, a nuestra creación del modelo del mundo.

Nuestra interpretación es distinta de cada uno, aunque un suceso sea el mismo y observado por varias personas, la explicación de esto será diferente. Por medio de la Programación Neurolingüística o PNL, esta nos apoya a cambiar la manera como observamos y percibimos nuestro mundo.

Percibimos el mundo a través de los sentidos: vista, oído, tacto, olfato y gusto; lo que percibimos con nuestros sentidos de manera externa, le damos una interpretación o representación interna en nuestro cerebro. Nuestros sentidos envían la información en grandes cantidades, nuestra mente consciente es más lento solo puede procesar parte de esta información y luego la pasa por un filtro influenciado por nuestros valores, creencias, recuerdos, decisiones, experiencias, además de la influencia cultural y social, es así que hacemos una representación de esa información creando nuestra propia realidad o visión del mundo. Todo lo que sucede a nuestro alrededor pasa por el filtro de lo que creemos que es y creemos ser, y esto es lo mismo que proyectamos al mundo y el resultado que obtendremos. Es por eso que es importante estar conscientes de cuál es la creencia que tenemos de nosotros mismos.

Tomate un tiempo y pregúntate:

¿Qué significa para mí el éxito?

¿Qué es lo que realmente me apasiona?

¿Estoy haciendo lo que me apasiona en este momento?

¿Qué significa para mí el fracaso?

¿Cómo me experimento cuando no logro mis objetivos?

¿Me siento fracasado en este momento?

¿Qué es lo que me frustra?

• Sinónimos del Éxito

Todos tenemos diferentes creencias y explicaciones de éxito.

En una encuesta que les hice a 100 personas pregunte *¿En una sola palabra que es Éxito?* Dieron diferentes definiciones: Ser responsable, Triunfo, equilibrio en todas las áreas, tener resultados positivos, completar una meta, hacer lo que amas en la vida, realización, balance de vida, etc. De acuerdo con esta encuesta cada persona tiene una definición para éxito.

Te invito a que te hagas estas preguntas:

¿Cuáles son mis creencias del Éxito y Fracaso?

¿Por qué deberíamos de vivir conforme a las creencias de otros?

¿Por qué el éxito debería ser algo ostentoso?

Recuerda que lo verdaderamente importante es la creencia que tú tienes del éxito y fracaso, de eso depende en gran parte de tus resultado y la situación en la que te encuentres en este momento; tu interpretación puede llevarte al éxito o al fracaso.

Desde mi infancia, mi creencia del éxito era un destino final para llegar, cuando pensé que había llegado a la meta me sentía sin ilusiones, atrapado, cerrado y desinteresado por aprender, haciendo y haciendo para no perder lo que ya había logrado, el fallar me causaba exactamente lo mismo.

El éxito no lo determinan los títulos ni los apellidos, sino una mente llena de estima, confianza, libre prejuicios y de heridas emocionales. En el libro Inteligencia emocional, el autor nos dice que el mejor aliado para el éxito es la inteligencia emocional mucho más que la inteligencia intelectual.

Existen muchas creencias y sinónimos respecto al éxito aquí te presento algunas:

- **Creencia de tener títulos y diplomas universitarios.**

Muchos tenemos creencias de que los títulos son sinónimos de éxito, pero solo es una suposición, no está basado en algo real y concreto. Tener un diploma universitario no te garantiza el éxito, ni que alguna o varias veces no atravieses por el fracaso. Ser intelectualmente inteligente no significa siempre ser feliz. Tal vez es lo que la cultura y la educación formal nos hicieron creer, pero es solo una ilusión. Requerimos la habilidad de unir la inteligencia con la sabiduría, flexibilidad, experiencia, autoestima, confianza, las relaciones interpersonales, y con un espíritu agradecido en cada momento.

No es suficiente ser inteligente para obtener el éxito, el éxito dependerá de la habilidad que cada uno desarrollemos en ser más capaces cada día de alcanzar el propósito diseñado en cualquier área de nuestra vida.

Muchos de los exitosos y más renombrados no han tenido buenos grados escolares o han sido de clase media o muy pobres. El 65% de los senadores y el 75% de los presidentes de Estado Unidos, no fueron estudiantes ni brillantes ni sobresalientes. Algunos como Bill Gates, por ejemplo, uno de los hombres más ricos del mundo, no tiene un título universitario, y otros como Jim Clark, fundador de Netscape y Silicon Graphics, nunca cursaron a nivel universitario ni una sola materia. (Kriegel Robert J, PH.D: Tenga éxito en los negocios sin matarse en el intento, Grupo Editorial Norma SA, 2002)

Gente Exitosa que no fueron alumnos académicos brillantes o no terminaron la Universidad:

Pablo Picasso
Bill Gate
Steve Jobs
Richard Branson
Michael Dell
Henry Ford

Conrad Hillton
Tomas Watson (IBM)
Ray Kroc (McDonalds)
Soichiro Honda
Walt Disney
Aristoteles Onasis
John Rockerfeller
Steven Spielberg
Albert Einstein

- **Creencia de tener Dinero.**

La sociedad suele establecer una relación entre éxito, riqueza material y fama. El éxito no está condicionado o limitado a un solo objetivo, sea pequeño, personal o grande con un gran impacto. Existe la creencia de que para ser exitoso hay que tener dinero o provenir de una familia rica. No necesariamente, la pobreza puede ser una razón y un motor generador para lanzarte por lo que quieres. Mucha gente exitosa no fueron estudiantes sobresalientes y vienen de la pobreza o de hogares destruidos. Son gente que vencieron las dificultades, que vieron la oportunidad y se tomaron el fracaso como un reto, como un proceso y lo enfrentaron.

Gente que salió de las dificultades económicas:
Abraham Lincoln
Lech Walesa
Kirk Douglas
Condoleezza Rice

Al Pacino
Chris Gardner

"Lo que cambiará tu vida no será el saber más, sino las decisiones que tomes y las acciones que emprendas"
Anthony Robbins.

- **Creencias de edad, sexo, raza.**

Hasta hace pocos, muy pocos años, era criterio prácticamente de la humanidad, incluidos los científicos de todos los campos, que el grado de inteligencia de una persona estaba previamente establecido por la naturaleza y que esta evoluciona naturalmente según la edad, dentro de límites igualmente determinados. Hoy, a medida que las investigaciones progresan, cada vez son menos los hombres de ciencia que sostienen esa tesis.

Nadie ha podido aducir ninguna demostración científica que demuestre que la mujer tenga menos capacidad mental que el hombre; existen más bien, algunos indicios que podrían llevar a la conclusión contraria. El cerebro de una mujer no es superior ni inferior al del hombre.

El hecho de que el hombre tenga mayor disposición en unos campos del intelecto y las mujeres en otros parece deberse a factores de índole cultural.

La capacidad intelectual no depende de los años. El genio es joven a cualquier edad. Franklin empieza a estudiar electricidad cuando ya había cumplido los cuarenta años. Gauguin llega a descubrir la pintura a la edad de treinta y cinco años, y Fray Angélico comienza a pintar a los cuarenta y seis.

Son múltiples filósofos, escritores, artistas y científicos, que han producido su mejor obra en temprana edad.

Pero mucho más grande todavía, es la lista de aquellos que les han ofrecido a los demás hombres el mejor fruto de su trabajo después de los cincuenta, de los sesenta, de los setenta y aún más años de edad.

Platón muere, en plena capacidad creadora a los 80; Leibniz, en igual forma, a los 70; Kant, a los 80; Bergson, a los 72; Víctor Hugo, a los 83; Goethe, a los 83;Verdi, a los 80; Wagner, a los 70; Matisse, a los 83; Pasteur, a los 73; Fleming, a los 74; De Gaulle, a los 82; Adenauer, a los 91; Churchill, a los 91; Picasso, a los 91; Casals, a los 96.

La edad más bien puede convertirse en una ventaja, porque a mayor edad, mayor experiencia; y a mayor experiencia, mayor diversidad de ideas. Por eso, si se fuera a determinar la edad promedio de las más grandes creaciones de la humanidad, tal vez estaría situada alrededor de los sesenta años.

Ya está suficientemente demostrado que, dentro de las mismas condiciones, la efectividad intelectual de los hombres puede ser la misma, cualquiera que sea la raza a la que pertenezcan.

Haz una revisión profunda de tus creencias acerca del Éxito y el fracaso e identifica cuáles te están limitando y no te apoyan.

¿Qué creencias me impiden alcanzar el éxito?

¿Qué creencias te limitan?

¿Qué creencia puedo reemplazar y crear posibilidades?

¿Qué otras ideas me generan las nuevas creencias?

¿Qué pienso de mí mismo?

CAPITULO III

UN NUEVO COMIENZO

"¿Cómo podrías renacer sin antes haber quedado reducido a cenizas?"

Friedrich Nietzsche.

Muchos hemos experimentado el fracaso y tenido pérdidas. Soltar un apego ante un evento que te ha lastimado no es tarea fácil, pero tampoco es imposible.

Existen diferentes pérdidas, físicas, materiales y humanas, sin embargo los efectos emocionales y psicológicos pueden ser muy parecidos y salir de ello requerirá de un proceso muy similar.

- **Pérdidas humanas:**

Pérdida de uno o varios seres queridos, ya sea por muerte natural o provocada, accidentes, suicidio o asesinato, puede ser inclusive la pérdida de una mascota.

- **Pérdidas físicas:**

Pérdida de salud, por enfermedad, por una parte de nuestro cuerpo, de privación de la libertad, violación, por secuestro, etc.

- **Pérdidas materiales:**

Pérdida de trabajo, jubilación, divorcio, separación, o de algo material que significa mucho para alguien ya sea un auto, una casa, etc.

Cualquiera que sea la pérdida nos puede llevar a experimentar un trance en la vida, sentir un vacío, experimentar insatisfacción, frustración, desesperación, enojo, depresión, soledad, abandono, sentirse medio vivo o víctima, etc.

El apego a personas, cosas materiales o físicas puede ser un gran reto, el no querer experimentar la pérdida por la experiencia de dolor o sufrimiento.

"Aprende a vivir como si fuera el último día de tu vida, disfruta de cada regalo que la vida tiene para ti, compártelo con aquellas personas que amas y que te aman también se genuino y auténtico siempre".

- **Pérdida de trabajo:**

El trabajo ocupa gran parte de nuestras vida es una necesidad básica. El trabajo es fuente de bienestar psicológico y social y es un derecho de la persona.

· Es un vehículo para lograr metas y proyectos y desarrollo personal.
· El empleo impone una estructura del tiempo.
· Proporciona un estatus social.
· Crea hábitos y rutinas diarias.
· Un espacio para compartir experiencias.
· Contacto con personas ajenas al núcleo familiar.

Perder el trabajo, puede significar perder el poder adquisitivo o abandonar actividades de las que antes solíamos disfrutar, como salir a cenar con amigos, ir al gimnasio o ir de vacaciones etc. Pocas son las personas que pueden decir que esta situación económica no ha alterado su vida diaria en mayor o menor medida.

Una pérdida inesperada para la gran mayoría genera alteraciones en los diferentes ámbitos de nuestras vidas, en nuestra autoestima, en las relaciones de pareja etc. Esta nueva realidad puede provocar pérdida de confianza y capacidad de resolver los nuevos desafíos, obligaciones en el trabajo o el hogar, cambios de roles o estilos de vida, cambios de horarios o incluso la pérdida de la casa.

El trabajo es socialmente visto como fuente de refuerzo y auto concepto; es considerado como la principal fuente de ingreso. La pérdida de este resulta en un descenso de los ingresos económicos familiares.

Al principio del desempleo hay cambios significativos y temor, luego implica otra serie de cambios, no tan evidentes, que pueden provocarnos determinados tipos de problemas emocionales. La ansiedad provocada por la pérdida de un trabajo y las perspectivas de encontrar uno nuevo puede producir cambios en nuestro estado de ánimo y en la percepción de nuestra capacidad y de la realidad que nos rodea. Si esta situación se prolonga y no se afronta con las habilidades personales adecuadas pueden aparecer pensamientos negativos, como no ser capaz de dar solución a la actual situación de desempleo o asumir los cambios en el estatus social y económico. Estos factores pueden acabar provocando problemas emocionales como crisis de ansiedad o episodios depresivos.

Los psicólogos observan muchos pacientes con ansiedad, estrés, angustia, depresión provocada por la pérdida de trabajo o el simple miedo a esta circunstancia, miedo a la pérdida del nivel de vida, a que se derrumbe su status y a que la crisis repercute en sus costumbres más elementales y cotidianas, hace que crezca la ansiedad y esto pueda terminar en depresión y otros problemas similares, afectando más a quienes ya tienen una cierta predisposición.

Cuando a una persona es despedida repentinamente, después de muchos años desempeñando el mismo trabajo, el efecto puede ser más complicado, sufren una fase de no aceptación difícil de asimilar. El cambio de rutina laboral y de la vida en torno a esta, puede desembocar en agresividad hacia quienes le rodean y distintas situaciones de tensión ó incluso en alguna adicción (Alcoholismo, tabaquismo, ludopatía, etc.) como evasivas de esa situación ó hasta en trastornos neuróticos.

Si estás pasando por el desempleo en este momento, te tengo buenas noticias, esta puede ser una excelente oportunidad para hacer un cambio de profesión, estudiar otra carrera, actualizarte en los avances tecnológicos, posiblemente hacer actividades que siempre has querido hacer, comenzar un nuevo proyecto. Recuerda que puedes hacer actividades que te apoyen como practicar un deporte, hacer ejercicio físico, ser voluntario, relacionarte con otra gente, preparar tu currículum y encontrar el trabajo de tus sueños.

Recuerda que tú tienes el poder de dar la interpretación que tú quieras y verlo como una oportunidad, no te aísles, comparte tus pensamientos y emociones, si lo crees necesario busca ayuda con profesionales calificados, busca momentos de inspiración y relajación. Busca una actitud siempre positiva y no te rindas.

- **Pérdidas materiales**

Los seres humanos nos relacionamos afectivamente con los objetos, nos ligamos a ellos sin darnos cuenta, ya sea por su utilidad y/o por su significado emotivo, es decir, lo que le adjudicamos por el momento y forma en que lo obtuvimos o la persona que nos lo dio.

Desprendernos de las cosas materiales, debería ser algo de todos los días, sin embargo todos tenemos algo que nos cuesta soltar y que nos dolería mucho perder.

Personas que han vivido desastres donde pierden toda posesión, son capaces de agradecer el haber permanecido con vida, sin embargo, la nostalgia, enojo y desesperación al ver que el fruto material de todo su trabajo o vida se fue en un terremoto, inundación o incendio, puede provocar heridas difíciles de sanar. El duelo que se presenta cuando aún tenemos este condicionamiento, puede ser prolongado e incomprensible para muchos.

El establecimiento de este lazo, nada tiene que ver con el tamaño o valor del objeto por sí mismo, podemos hablar de casa la casa donde vivíamos de niños o de la abuela, nuestro primer automóvil, algo de ropa, fotografías del pasado, lo que pertenecía a una persona especial, agendas, diarios, boletos de eventos, flores secas, peluches, tarjetas, etc.

Depositar recuerdos y emociones en los aspectos materiales puede suceder a cualquier edad. Winnicott (1971), incluye en su teoría un concepto llamado "objeto transicional", esto hace referencia al apego que un bebé tiene hacia cobijas, peluches, etc. Por ejemplo, Linus Van de las historias de Charlie Brown con su cobija o Maggie Simpson y su chupón. Este proceso les brinda seguridad mientras desarrolla su capacidad de aceptación de la realidad y es un signo de que la formación de la personalidad está llevándose exitosamente. Si este objeto desaparece, se lava o daña, el niño experimenta tristeza.

Con la edad esta condición desaparece, sin embargo muchas veces como adultos conservamos la manera de relacionar seguridad con objetos, aunque ya no tenga que ver con un objeto, sino con experiencias personales. Con el paso de los años esta condición pasa a otro plano y la utilidad y carga emocional aumenta, nos involucramos con toda clase de materiales y los significados se vuelven más intensos. No necesariamente es lo material, sino el recuerdo que representa o la emoción que nos trae el verlo, oírlo, olerlo o sentirlo.

"NO pierdas la salud por ganar mucho dinero, luego perderás el dinero para recuperar la salud, y por pensar ansiosamente en el futuro, olvidan el presente, de tal forma que acabarás por no vivir ni el presente, ni el futuro, dejas de vivir como si nunca fueses a morir y morirás como si nunca hubieses vivido."

Hagamos un ejercicio; cierra tus ojos y piensa en un objeto muy preciado para ti, puede ser tu casa, algo actual o del pasado.

Ahora date cuenta que es lo que sentiste, de aquello que te recordó. ¿De qué son esas memorias? ¿Qué o quién está involucrado con eso? ¿Puedes recordar quizá alguna persona? Seguramente pudiste hacerlo, pero te tengo una noticia, todo eso que recordaste, no es por el objeto, son memorias almacenadas y lo material funciona como un detonador que vas activando. La buena noticia es que también puede funcionar sin él, pues la información está guardada y puedes accesar a esas memorias sin el objeto material cambiando por otro que las ponga a funcionar.

- **Crisis hipotecaria.**

Durante mi proceso de certificación, tuve la oportunidad de entrevistarme con Don José, un señor de 44 años, casado y con 3 hijos. Este hombre hacía seis años que había perdido su trabajo y después de eso, como consecuencia perdió su casa por no poder pagar el préstamo. Desde entonces no había podido tener un trabajo estable y estaba pasando momento depresivos. Su conversación era sobre el dolor y frustración que le causó, primero la pérdida de su trabajo y por consecuencia la pérdida de su casa. Se experimentaba fracasado, frustrado, decepcionado, molesto, desconfiado, constantemente estaba culpando al empleador por despedirlo, al vendedor por ayudarle a comprar una propiedad que desde el inicio no calificaba, al banco por darle un préstamo tan riesgoso, al gobierno por permitirlo y como él dice "Me robaron mi sueño americano", en ocasiones culpando a su esposa por permitirle entrar en esa negociación y después de todo eso por supuesto culpándose a sí mismo por tomar esta decisión que estaba afectando a su familia; la culpabilidad era tan grande que no le permitía enfocarse en buscar otro trabajo y buscar otras opciones. Durante la entrevista me sentí identificado con la situación sobre su casa, de cierta manera yo había pasado algo muy similar y sé que muchos se pueden identificar con esta historia.

Entre los año 2006 comenzó un fenómeno por las venta de casas, "el boom del negocio de bienes raíces", esto provocó un rápido aumento en el valor de las propiedades, tan alto que se convirtió en una burbuja difícil de mantener, los corredores de hipotecas comenzaron a vender préstamos "subprime" de tasa de interés ajustable de alto riesgo y los famosos 80/20, dos préstamos; a los compradores se les hizo creer que el aumento del interés estaría compensado con el aumento de los salarios y que en los préstamos 80/20, en el lapso de 12 meses se podría hacer una refinanciamiento y hacer un solo préstamo con un mejor interés. Desafortunadamente esto no sucedió, los intereses se dispararon hasta un 30% y las posibilidades de refinanciar eran nulas, a esto le agregamos el aumento del precio de la gasolina, la baja en construcción de casas, el desempleo y el no aumento de salarios; esto provocó el inicio de una de las más grandes crisis económicas Estadounidenses en la historia.

Las estadísticas muestran que a nivel nacional miles de personas han perdido sus casas por embargos bancarios:

- Solo en California en el 2007 en el comienzo de la crisis económica hasta el 2011, más de 1.5 millones de californianos recibieron avisos de incumplimiento de sus pagos de hipoteca.
- En el mismo periodo más de 785,000 familias en California perdieron sus casas.
- En California el 37% de los embargos fueron a dueños de casas de origen hispano.
- De los dos millones de dueños de casas en California, aproximadamente un 30% de todos los préstamos de las propiedades estaban por encima del valor actual.

- **Salir de la crisis hipotecaria.**

La crisis hipotecaria actual, se dio en parte por los débiles requisitos crediticios que los prestamistas exigían a los prestatarios, incluso muchas transacciones fraudulentas, por lo cual muchas personas adquirieron nuevas casas incluso accedieron a propiedades que no podrían pagar, lo que ha llevado a que el mercado inmobiliario se encuentre en una situación crítica.

Son muchas las consecuencias psicológicas, sociales y económicas que las exclusiones y los remates dejan en los prestatarios con ansiedad, estrés, historial de crédito negativo y la carga sentimental de tener que retirar a sus hijos de las escuelas donde siempre han estudiado.

El mayor problema psicológico que deja la ejecución hipotecaria es la ansiedad, ya que esta conduce a la depresión y a una sensación de inseguridad, que normalmente lleva a una incapacidad para actuar lo que hace más difícil salir de aquella situación incómoda que no solo lo afecta a usted, sino que también a todo su núcleo familiar.

En los momentos de pérdidas considerables, las personas tienden a sentir que se han sacudido todos sus cimientos y que el principal sentimiento de seguridad se ha deteriorado. Se cuestionan la confianza en sí mismos, en los demás y en el mundo en general. Aunque para muchos puede resultar natural el enterrar las sensaciones de temor; traer las inseguridades a un nivel consciente realmente puede reducir el miedo y el sentimiento de pérdida de control, lo que permite comenzar a abordar las situaciones de forma constructiva.

Independientemente de las circunstancias que hayan derivado en la presentación de la quiebra, el impacto físico y emocional en el deudor es enorme. Afrontar estas cuestiones emocionales y psicológicas relacionadas con la quiebra, y lograr entender y aceptar la situación son puntos fundamentales para la reconstrucción y la conservación de una vida económica exitosa.

Sin dudas, la presentación de una quiebra despierta muchas emociones negativas. Generalmente, la autoestima del deudor está muy ligada a su situación económica. La pérdida de dinero puede vivirse como una pérdida de identidad, autoestima y confianza. Vivimos en una sociedad en la que, aparentemente, la imagen se construye a partir de las pertenencias.

El dinero se puede ver como una moneda fuerte, no solamente en el aspecto meramente económico, sino también en las relaciones y, por lo tanto, la pérdida de poder interpersonal que se percibe, puede continuar cuando se presenta la quiebra.

Entender estas emociones puede ayudar a separar la realidad práctica del dinero de la respuesta emocional restrictiva y posiblemente destructiva ante la quiebra. Para aceptar la situación y afrontarla de forma constructiva, el deudor debe trabajar para lograr los siguientes objetivos:

- Aprender a separar la autoestima de las riquezas materiales.
- Experimentar los sentimientos de pérdida, depresión, enojo, tristeza y vergüenza y, a la

vez, ser capaz de salir de esos sentimientos para seguir adelante.

- Manifestar los pensamientos de resentimiento y culpa.
- Ejercitar la compasión hacia sí mismo. Puede ser que para muchas personas el presentar la quiebra parezca el fin del mundo, en muchos aspectos, esto puede ser un nuevo comienzo, aprender nuevas habilidades para preservar el bienestar financiero en los momentos económicos inciertos.
- Afrontar la realidad práctica. A medida que el deudor logre controlar sus finanzas, aparecerá un sentimiento de mayor control general.
- Aprender de las experiencias. Seguir los pasos para garantizar la seguridad financiera en el futuro.

Además, el asesoramiento de un abogado experimentado en banca rotas, te puede apoyar en los momentos difíciles y guiarte hacia un futuro financiero brillante. Ten en cuenta que a tu prestamista no le conviene llegar a un proceso de "foreclosure", por tal motivo sugiere mejores opciones de pago y busca acuerdos de beneficio mutuo que te permitan conservar tu casa y no llegar a una ejecución hipotecaria. Recuerda que el perder tu casa podría poner en riesgo tu estabilidad emocional y salud mental. No pongas tu confianza en lo material, pues todo es pasajero, que solo sea para tu uso y que tu felicidad no dependa de tus posesiones.

San Francisco decía: "Necesito poco y lo poco que necesito, lo necesito poco".

• Salir del Fracaso

Todo mundo comete errores y paga precios. Puedes quedarte ahí fracasado o aprender de ello, levantarte y hacerlo de nuevo. No siempre logramos lo que queremos eso no significa que sea un error o un fracaso. Vivir en el fracaso nos congela y nos hace repetir conductas autodestructivas, matando la creatividad y el talento personal. Nos mantiene atados a creencias que nos limitan.

Mi interpretación de éxito me mantuvo por algunos años atrapado en las frustraciones. En mi interpretación de éxito, este significaba un lugar para llegar y después de eso no había nada más; lo importante solo era llegar. Al ver el éxito como un destino final y un lugar para estar, al llegar a mi meta, perdí el sentido y la motivación por un propósito, de la misma manera en mi inconsciente el fracaso lo consideraba un destino final donde ya no existe salida. Después de vivir los procesos de transformación comencé a abrir nuevas posibilidades, a soñar nuevamente.

l 85% de los fracasos se deben a la ausencia de propósito de las personas; se necesita una apertura mental y una estructura de pensamientos flexibles que nos permitan poner en práctica los cambios requeridos. El éxito hay que buscarlo, crearlo, transformarlo y al mismo tiempo, sentirte merecedor.

Napoleón Hill

La manera en que te pares frente al fracaso determinará tu éxito, no depende ni de las circunstancias ni de los hechos ocurridos, es la interpretación que tú le des. No eres tus resultados, solamente tienes resultados y estos pueden ser positivos o negativos, evalúa el fallo este puede ser tu aliado o tu peor enemigo.

Según los psicólogos, la familia, la escuela y los medios de comunicación deberían enseñar a las personas a asumir sus derrotas y digerir los fracasos sin traumas. Es que, en caso contrario, los fracasos perjudican la capacidad de reacción y afectan al bienestar personal.

En el proceso de transformar un fracaso en éxito, no son las respuestas, las más valiosas sino las preguntas, los sistemas educativos hacen pruebas para calificar las respuestas, solo el que tiene las respuestas correctas pasa la prueba; su enfoque está en las respuestas más que en las preguntas.

*"La calidad de tu vida es la calidad de tus preguntas,
y la calidad de tus preguntas es la calidad
de tus resultados".*

Anthony Robbins

Pregúntate a ti mismo: ¿Qué es lo que no me está funcionando para lograr el éxito? Si el resultado que obtuviste no es el esperado haz algo distinto, si sigues haciendo lo mismo de la misma manera, seguirás teniendo los mismos resultados, si lo que estás haciendo no te funciona, atrévete a hacer algo diferente. Es mucho mejor cambiar la táctica que pasar la vida dándote golpes de cabeza y quejándote por tu mala suerte.

La suma del conocimiento intelectual, sabiduría, sentido común, imaginación, y motivación, flexibilidad, capacidad de rediseño nos apoya a transformar un fracaso en éxito.

El éxito consiste en pasar de fracaso en fracaso sin perder el entusiasmo hasta llegar a la meta. No importa el tiempo que se lleve, tu mente debe estar determinada a triunfar, pese a las circunstancias, al exterior y al que se oponga a tu visión.

El fracaso es solo información que recibimos que nos indica que algo no funcionó. Thomas Edison hizo miles de intentos fallidos antes de inventar la lámpara eléctrica, ponía a prueba todas sus ideas y luego aprendía de sus resultados, cada prueba fallida era la oportunidad de reciclar los conceptos aplicándolos para otros inventos.

"Lo que cambiará tu vida no será el saber más sino, las decisiones que tomes y las acciones que emprendas"

Anthony Robbins

Ahora tú tienes la oportunidad de crear tus propias creencias e interpretar el fracaso de la manera que te apoyen a salir y tener éxito. Este es el momento de escuchar tu voz interior, y darle vida en el exterior y dejar atrás el fracaso, libera tu creatividad, tú tienes el poder y la autoridad para dar vida a lo que todavía no es, lo que ya está ahí en tu mente y en tu alma. Es tiempo que identifiques quién tú eres, deshazte de todas las creencias erróneas y emociones negativas, atrévete a tomar control de tu vida. Se auténtico, libre y no te castigues por tus errores y perdónate.

Preocuparte del fracaso es estar atado al pasado y en las frustraciones, examina los resultados obtenidos aunque no sean los esperados esto te abrirá nuevas posibilidades.

Si te sientes fracasado recuerda que es solo una interpretación, puedes darle un giro a esa interpretación, puedes hacerte las siguientes preguntas.

¿Qué quiero lograr?
¿Qué fue lo que no funcionó?
¿Qué aprendí de esto?
¿Qué he conseguido hasta ahora?
¿Qué puedo hacer diferente?

Ahora requieres estar consciente que el éxito no es una garantía de que no habrá un futuro fracaso; prepárate para cuando eso suceda, de ti depende la interpretación que tu le des. El fracaso puede ser tu mejor aliado para estimular, desafiar, y animar tu potencial. El fracaso nos motiva e impulsa para tomar acciones diferentes, el éxito es el resultado de las experiencias de los fracasos.

- ## **La Clave del Éxito.**

Como ya te mencioné anteriormente las creencias forman parte importante en nuestras acciones y decisiones y por supuesto que es crucial para nuestro éxito. Muchos tenemos la creencia heredada que para tener algo o ser felices hay que hacer algo.

Desde nuestra infancia escuchamos cosas de nuestros padres como ponte hacer algo, con la creencia de que no se puede estar perdiendo el tiempo jugando, pensando o meditando, Hay que estudiar para tener un trabajo para tener una casa para después disfrutarla y ser feliz.

Entonces requerimos modificar ese sistema de creencias y paradigmas y crear otros nuevos, aquí te presento una fórmula para explicar un nuevo contexto de vida, una nueva ideología, Ser + Hacer = Tener. En este contexto nos enfocamos en el "SER = Quien soy" y luego en el "Hacer = La acciones" para después en el "Tener = Resultado".

Consideramos que si sabemos quiénes somos, cuáles son nuestros valores y que realmente queremos y qué es lo que realmente nos hace feliz. Entonces nuestras acciones estarán sincronizadas para alcanzar nuestros sueños.

Una vez que "somos", entonces viene el HACER. Trabajar para caminar hacia nuestras metas. Tomar decisiones, prepararnos, esforzarnos, construir nuestro propio camino. Lo único que está a nuestro alcance es administrar nuestras actividades y el uso que le damos a nuestro tiempo.

Estas primeras dos etapas requieren de esfuerzo y un nivel de autoconciencia elevado.

Por último, viene el TENER. Cosechar los frutos de nuestros esfuerzos tanto en lo individual como en nuestras relaciones, familia, profesionalmente, finanzas etc.

El tener es el resultado de las maneras de ser, de las acciones que tomamos. Sin importar la manera que se vean o como otros las perciben, tu sentimiento con respecto a ese resultado, es que te sientes feliz, satisfecho o realizado.

Imagínate cómo sería sentirte feliz, realizado, energético, apasionado; independientemente de lo que haces y tienes; ¿Cómo se vería tu vida si no dependiera solo de SER?. Quien tú eres está determinado por los que piensas, sientes y haces, esto mismo determina tus resultados.

"Cosas Buenas y malas han pasado y pasarán.
El secreto está en saber transformar las buenas vivencias
en recuerdos permanentes y las malas
en momentos fugaces."

Lair Ribeiro

J. MANUEL SANCHEZ

CAPÍTULO IV

TU VOZ INTERIOR

Hace unos años, cuando hacía teatro para la comunidad de la ciudad de Lynwood Ca., escribí una obra corta que tiene un mensaje sobre el Virus de Inmunodeficiencia Humana (VIH/Sida), que se titula "Diez años después" en un fragmento de la obra dice:

"¿Para qué es la vida?, abre los ojos a tu corazón, alza la mirada al cielo y allí encontrarás la respuesta; El hombre sin importar su condición social, económica o intelectual a decidido dar vueltas y vueltas en la jaula de la vida, porque se le ha olvidado mirar al cielo".

Durante la vida escuchamos diferentes voces, la mayor parte del tiempo escuchamos cosas negativas, durante el día escuchamos a gente hablando cosas negativas o pesimistas, muchas veces oímos críticas negativas hacia nosotros, y estas nos causan confusión y nos hacen perder la noción de quiénes somos realmente. Déjame decirte que ninguna voz exterior puede determinar quién tú eres.

Tu voz interior, la auténtica, la que responde a la voz del que te formó, es aquella voz (Alma), que desea que prosperes en todo, en mente, cuerpo y espíritu. Esa voz te abre un mundo de las posibilidades para que logres la prosperidad.

Muchas personas se sienten insatisfechas o infelices por lo que quieren tener, lo que no tienen y ser lo que no son. Muchas mujeres quieren ser delgadas, atractivas, bellas y eternamente jóvenes.

Los hombres quieren ser más apuestos, varoniles, tener poder, y también se rehúsan a envejecer. En una lucha constante por lograr sus deseos, pierden su propia identidad y se olvidan de su propósito de vida, sin reconocer quiénes son y anhelando ser otros, viven completamente desdichados.

No pierdas tiempo en esforzarte en ser lo que no eres, no hay nada más desgastante que aparentar ser lo que no somos. No hay mejor recompensa que ser reconocido por nuestra propia creación.

Cuando visualizamos nuestro mundo interior podremos encontrar respuestas para el mundo exterior, concentra tu tiempo en todo aquello que amas.

Reconoce tus realidades internas y descubre tus talentos únicos.

- **Libertad interior**

Hace algunos años, el Zoológico Nacional de Washington estaba sobrepoblado. Tomaron la decisión de construir un espacio más amplio para que un Oso Polar pudiera moverse y nadar, durante el proceso metieron al Oso en una jaula donde solo tenía espacio para dar algunos pasos, durante todo ese tiempo el Oso solo podía dar tres pasos hacia al frente, y girar de regreso.

Cuando finalmente completaron la construcción liberaron al Oso en su nuevo hogar. Curiosamente el Oso solo daba tres pasos hacia el frente giraba de la misma manera como cuando estaba en la jaula pequeña sin utilizar todo el espacio que tenía disponible. ¿Qué le pasó al Oso? ¿Por qué se sentía preso y no estaba utilizando la libertad?

¿Qué es la Libertad? ¿Cómo la obtenemos? La libertad forma parte del espíritu humano, que surge de su conciencia ancestral de miles de años. A lo largo de la historia humana ha existido la lucha en contra de las agresiones, la esclavitud, la dominación de los hombres sobre las mujeres, contra el racismo y la injusticia civil, contra el aplastamiento de los pobres. Buscamos la libertad e igualdad para todos, con las mismas oportunidades.

Es nuestra individualidad natural que se desarrolla desde la infancia y como adolescentes, buscamos experimentar nuestra libertad fuera de la autoridad de nuestros padres; nos resistimos a las restricciones que vemos a nuestro alrededor.

Quizás algunos de nosotros hemos sido, como el oso, restringidos por barras externas, aún existen leyes restrictivas, gobiernos y políticas, la dominación de ricos contra los pobres, etc. Sin embargo, para la mayoría, la dominación de una persona a otra está desapareciendo, las batallas externas han cambiado enormemente.

Muchas personas posiblemente todavía nos estamos limitando, no por barras externas, sino por nuestras creencias y visión del mundo. Ahora somos esclavos de nuestras barreras mentales, creencias limitantes, hábitos y paradigmas; quizás limitados por miedo a lo desconocido y permanecer en la seguridad de lo conocido. La principal batalla por la libertad es la del mundo interior, de creencias y de ideologías.

Ejercicio de Reconexión con tu Interior.

1- Tomate 15 minutos alejados de interrupciones, deja que tus pensamientos viajen libremente, centra tu atención en tu voz interior.

2- Escucha las voces que surgen. ¿Como suena? ¿Que dice? ¿Con qué frecuencia usa un lenguaje negativo?, ¿Utiliza palabras como debe, debería, tiene, tendría? ¿El tono es de burla, reproche, sarcasmo? ¿Es de queja, tristeza y rechazo? ¿Es algo distinto?.

3- Imagínate ahora una voz totalmente diferente. ¿Cómo suena? ¿Qué dice? ¿Se trata de una voz que tú conoces o es nueva? ¿Qué sientes?, ¿Qué sentimientos despiertan en ti?

4- Pregúntate a ti mismo ¿Quién soy?, ¿Qué quiero? , ¿A dónde voy?

No necesitas buscar en ninguna otra parte.
El poder y la luz están dentro de ti.

J. MANUEL SANCHEZ

CAPITULO V

CONOCETE A TI MISMO

Los seres humanos en la actualidad estamos expuesto a una gran cantidad de cambios en el mundo, el ritmo de vida, la competitividad, la presión por obtener el éxito, las exigencias de los demás, nos llevan a enfocarnos en el "hacer" y desafortunadamente no dedicamos tiempo para dialogar y conectar con nuestro Ser interno. Estamos alejándonos cada día más de nosotros mismos. Mucha gente está tan preocupada con hacer para tener lo que cree que le dará felicidad; vestimos y actuamos de una cierta manera para pertenecer a un grupo o sentirnos aceptados. Estamos perdiendo nuestra propia identidad, experimentamos confusión, vacío, frustración, enojo, emociones negativas que nos pueden llevar a la depresión; no comprendemos nuestra propia existencia y quién somos realmente.

"El conflicto con muchas personas es que la mayoría de personas quieren tener lo que no tienen y ser lo que no son".

Si definiera quién soy yo , posiblemente la respuesta personal seria , Yo soy un hombre, soy hijo, soy esposo, soy inteligente, soy amoroso, soy vendedor, soy mexicano, etc. sin embargo esto no contesta a la pregunta, ¿Quién soy yo, más allá de las acciones y cualidades que digo que poseo? Como ser humano estoy dotado de un cuerpo anatómico y biológico, puedo pensar de manera coherente, lógica y racional, poseo emociones y sentimientos. Entonces ¿Quién es el yo que tiene un cierto cuerpo, que siente ciertos sentimientos y que piensa ciertos pensamientos?, ¿Cuál es la naturaleza del tipo de ser que soy que puede mirar, escuchar, sentir, oler, degustar y pensar?

Una de las preguntas más antiguas que el ser humano se ha hecho e investigado, es "¿Qué significa Ser?", filósofos, psicólogos y pensadores se han "quebrado" la cabeza con versiones concebibles e inconcebibles de lo que es una persona. ¿Qué tipo de ser es el Ser Humano? Gente como Moisés, Sócrates,

Platón, Pitágoras, Aristóteles, Buda, Mahoma, Kant, Freud, Skinner, Maslow, Kierkegaard, Heidegger, Dreyfus han interpretado y reinterpretado la condición de ser persona a través del tiempo en un intento para llegar a una contestación final.

Los seres humanos somos los únicos que nos cuestionamos acerca de nuestro propio Ser. Estamos constantemente haciéndonos preguntas acerca de nuestro SER y nuestra relación con otros Seres y el mundo. No es suficiente para nosotros simplemente "pasar por la vida". Nuestras interpretaciones guían nuestros pensamientos y conducta tomando una postura de quien creemos Ser. Somos seres auto interpretantes, tenemos una interpretación propia de nosotros mismos, entonces podemos decir que "YO SOY QUIEN DIGO QUE YO SOY"

"Cada persona tiene el derecho de ser y tener todo lo que es capaz de lograr; este deseo es natural, querer todo lo que podemos ser".

Somos parte del Universo, formamos parte de la sustancia universal creadora, esta sustancia podemos decir que es la sustancia de Dios, la energía divina, que lo es todo, está en todo y vive en todo; está viva buscando dar más vida, como una semilla que cae en tierra fértil, esta comienza a producir más semillas, a transformarse y dar vida. Nosotros somos la sustancia formada y podemos con nuestros pensamientos darle forma a la sustancia o materia que aún está sin formar. Los pensamientos son las semillas que se siembran en la materia sin formar.

Dios creó al hombre a su imagen y semejanza (Génesis 1:27) él está en nosotros y nosotros en él, somos parte del universo, una mínima parte de la misma fuente.

Si sacamos con una cubeta agua del río, sabríamos que el agua en la cubeta es agua del río, si sacamos agua de la cubeta en un vaso, seguirá siendo la misma agua del río y si sacamos agua del vaso, con una cuchara, sigue siendo parte de la misma agua, aun si extrajéramos una gota, esta seguirá siendo la misma agua. La única diferencia es que la tenemos en diferentes cantidades, sin embargo, toda el agua es y proviene del mismo río.

En el Génesis 4:26 dice que un niño nació cuyo nombre era Enosh, nacido de Sarah, y los hombres comenzaron a invocar el nombre del Señor. Esa es la primera vez que el hombre comenzó a invocar el nombre del Señor. La palabra Enosh significa "hombre mortal", algo que es frágil, algo que simplemente se agota y desaparece. El hombre mortal empezó a preguntar respecto a su origen: ¿Por qué estoy yo aquí, cuál es la causa de los fenómenos de la vida?

"Fuimos creados para vivir no solo para existir"

En pasajes Bíblicos muchos profetas hablan de la conciencia de ser del ser humano,

Moisés descubrió cuando declaró "YO Soy es el que me ha enviado a ti" Éxodo 3:13-15

En los salmos David cantó: "En el silencio te darás cuenta que YO SOY Dios"

Isaías declaró "YO SOY el único Dios, y no existe ningún otro Dios más que yo mismo, y te digo a ti que a pesar de que no me conoces, yo creo la luz, y creo la oscuridad; hago la paz, y hago la guerra. Yo, el Señor hago todas estas cosas".

Puedes usar sabiamente "Yo Soy" para cualquier cosa en el mundo, como dice en el salmo 9:10 "Aquellos que conocen tu nombre confían en Ti". Cuando dices: "Con Dios todo es posible", no utilices esa frase para mencionar lo contrario a quien tu eres: ("Yo soy pobre; yo estoy enfermo; yo soy tonto; yo soy ignorado.") Esto es blasfemia contra Dios. Pues no es lo que yo quiero realmente en este mundo, ni para cualquiera que yo ame. Se nos dice que cualquiera que blasfeme contra el nombre Yo Soy será apedreado hasta morir. Las piedras significan hechos literales de la vida. En Juan 8: "Excepto que creas que yo soy él, morirás en tus pecados." "Pecar" es errar el blanco. Si no creo que yo soy el hombre que quiero ser, permanezco donde estoy en ese momento de no atreverme a asumir que yo soy el hombre que quiero ser, y permanezco en esa limitación, así que muero, errando el blanco.

Puedes tener muchas cosas materiales, riquezas y todo eso lo puedes perder, solo una cosa no se puede dejar atrás, y siempre la llevas contigo después de encontrar el nombre. "Aquellos que conocen Tu nombre ponen su confianza en Ti" No en el banco, no en su posición social, su posición financiera, intelectual o cualquier otra. "Ponen su confianza en Ti", ¿Quién eres tú? "YO SOY".

"Comienza a declarar quien tu eres,
y vive quien tu eres"

• Conócete a ti mismo

Cuando nacemos en ese mismo momento también nace nuestro potencial, nuestra capacidad para lograr cosas, tanto positivas como negativas. Fuimos dotados con talentos innatos. Tenernos la libertad de usarlos para nuestro beneficio o anularlos con nuestras actitudes y acciones. "Tienes el poder para hacer de tu vida lo que quieras". Tu potencial y talentos son tu mayor Riqueza.

La primera persona con quien nos relacionamos es con nosotros mismos, si tú no te sientes cómodo contigo mismo, no puedes sentirte bien en relación con los demás. Quien tu eres determina cómo ves a los demás, no intentes cambiar a los demás, enfócate en ti mismo y transfórmate en el tipo de persona que deseas ser, esto te cambiará la forma de cómo ves e interactúas con los demás.

Es fundamental para tener éxito el conocernos a nosotros mismos, conocer nuestras fortalezas, debilidades, creencias, valores, lo que nos gusta o disgusta, lo que nos hace feliz o infeliz, lo que realmente queremos en nuestra vida.

Las personas exitosas se conocen a sí mismos. Son conscientes de sus emociones en el momento que ocurren, tienen un conocimiento y cierto manejo de su vida emocional. Esto puede reforzar otros rasgos de su personalidad: son independientes y están seguros de sus propios límites, poseen buena salud psicológica y suelen tener una visión positiva de la vida. Cuando se ponen de mal humor, no se obsesionan al respecto, y son capaces de superarlo enseguida y fluir con actitud para transformar su humor.

El arte es conocer tus propios sentimientos en el momento que se experimentan y fluir sin ningún efecto negativo.

Obsérvate y reconoce tus propios sentimientos, conocer la relación entre pensamientos, sentimientos y reacciones. Cómo tomas tus decisiones personales, examina tus acciones y tus consecuencias, que pensamientos o sentimientos influyen en tus decisiones.

Cinco elementos que determinan quién eres tú:

1. Genética: Los seres humanos tenemos nuestros propios talentos, cualidades y características propias de nosotros mismos, con las que fuimos dotados naturalmente cuando fuimos creados. Este elemento es el único que no podemos

cambiar, sin embargo, requerimos aceptación.

2. Imagen Personal: La imagen que tengas de ti mismo te aumentará la estima. Una persona con imagen negativa de sí mismos se dañará a sí mismo y dañará sus relaciones.

3. Experiencia de la vida: No tenemos el control de todas las experiencias de nuestra vida, especialmente en nuestra infancia, sin embargo, hemos elegido muchas otras, nuestra pareja, el trabajo, que hacer y no hacer, No podemos cambiar las experiencias del pasado, pero sí podemos cambiar lo que sentimos respecto a eso y lo que podemos crear en el presente para nuestro futuro.

4. Actitud: Podemos controlar las actitudes ante las situaciones y experiencias negativas, de ti depende la actitud o la postura que tomas ante estas.

5. Amistades: La gente cercana a ti influenciaran en moldear tu personalidad, existe un dicho popular que dice: "Dime con quién andas y te diré quién eres".

Los seres humanos tenemos cuatro dones únicos que son como una brújula o sistema interno de guía que nos ayudan a mantenernos en el camino correcto mientras nos dirigimos a las metas.

- Autoconocimiento: Podemos distanciarnos de nosotros mismos y evaluar nuestros pensamientos y acciones.
- Conciencia: Es la "voz interior" que nos ayuda a distinguir lo bueno de lo malo.
- Imaginación: Ella nos permite escapar de las circunstancias del momento y crear nuevas posibilidades en nuestras mentes. Nos da la oportunidad de visualizar el futuro y soñar lo que nos gustaría hacer.
- Voluntad independiente: Ella nos da el poder de elegir la mejor alternativa, controlar las emociones y sobreponernos a nuestros hábitos e instintos.

- **Tus Valores**

Los valores son algo digno, de alta estima, son cualidades positivas, ideales o normas. Los valores son la fuente de todo comportamiento porque nos llevan a estados emocionales para sentirnos bien con nosotros mismos.

Tú, al igual que todos, tienes cosas, creencias, actitudes, etc. a las que das un valor especial: son tus valores. Tu vida ronda alrededor de ellos. Mucho de lo que haces, de lo que dices, de lo que piensas se basa en esos valores. Los valores son la herramienta que impulsa nuestro comportamiento, influyen en lo que hacemos, cómo elegimos relacionarnos con amigos y compañeros, lo que compramos y en cómo utilizamos nuestro tiempo libre.

Estos valores tienen su propia jerarquía dependiendo el área de tu vida, usamos nuestros valores para juzgar si hicimos bien o mal.

Conocer tus valores es fundamental. Nuestros valores están relacionados con nuestras necesidades y también pueden ser independientes. Hay tres tipos de valores:

- *Valores Finales:* Estos son fundamentales para tu dirección de tu vida, te llevan a sentir plenitud, alegría, confianza, creatividad, amor y espiritualidad, valores como: Amor, Espiritualidad, Familia, Amistad, Integridad, Determinación, Flexibilidad, Generosidad, Pasión, Valentía, etc.
- *Valores Medios*: Estos son un vehículo para que llegues a una meta específica. Son los que

provocan emociones placenteras: Dinero, trabajo, disciplina, diversión, aventura, entre otros.

Valores negativos: Son los que te alejan de tu Ser, como la avaricia, envidia, intolerancia, pereza, soberbia, etc., estas ocasionan emociones desagradables como el miedo, rencor, ira, desesperanza, duda, rechazo o resentimiento.

- **Tus Necesidades**

Todos los seres humanos buscamos como satisfacer nuestras necesidades y sentirnos realizados. Cuando nacemos, nuestras necesidades básicas son fisiológicas, conforme vamos creciendo vienen nuevas necesidades como: seguridad, relaciones, pertenencia, reconocimiento y autorrealización.

Existen varias teorías de las necesidades del ser humano entre estas:

1. *Teoría jerárquica de las necesidades de Maslow.*

La jerarquía de necesidades de Maslow se describe a menudo como una pirámide que consta de 5 niveles: los cuatro primeros niveles pueden ser agrupados como necesidades de déficit (deficit needs); el nivel superior se le denomina necesidad del ser (being needs). La diferencia estriba en que mientras las necesidades de déficit pueden ser satisfechas, las necesidades del ser son una fuerza impelente continua. La idea básica de esta jerarquía es que las necesidades más altas ocupan nuestra atención, sólo una vez que se han satisfecho necesidades inferiores en la pirámide. Las fuerzas de crecimiento dan lugar a un movimiento hacia arriba en la jerarquía, mientras que las fuerzas regresivas empujan las necesidades prepotentes hacia abajo en la jerarquía.

En términos de economía se usaba mucho este método de jerarquización, hasta que se simplificó en una sola, la "felicidad". Según la pirámide de Maslow dispondremos de:

- <u>Necesidades fisiológicas básicas:</u>

Son necesidades fisiológicas básicas para mantener la homeostasis (referido a la salud del individuo), dentro de estas se incluyen: Necesidad de respirar, de beber agua, de comer, dormir, eliminar los desechos, de evitar el dolor y necesidades de tener relaciones sexuales.

- <u>Necesidades de seguridad:</u>

Surgen de la necesidad de que la persona se sienta segura y protegido, incluso desarrollar ciertos límites en cuanto al orden. Dentro de ellas se encuentran: seguridad física y de salud, seguridad de empleo, de ingresos y recursos, seguridad moral, familiar y de propiedad privada.

- Necesidad de pertenencia, afiliación y afecto:

Están relacionadas con el desarrollo afectivo del individuo, son las necesidades de asociación, participación y aceptación. En el grupo de trabajo, entre estas se encuentran: la amistad, el afecto y el amor. Se satisfacen mediante las funciones de servicios y prestaciones que incluyen actividades deportivas, culturales y recreativas. El ser humano por naturaleza siente la necesidad de relacionarse, de agruparse; en familia o con amigos o formalmente en las organizaciones.

- Necesidad de estima o reconocimiento:

Maslow describió dos tipos de necesidades de estima, un alta y otra baja. La estima *alta* concierne a la necesidad del respeto a uno mismo, e incluye sentimientos tales como confianza, competencia, maestría, logros, independencia y libertad. La estima *baja* concierne al respeto de las demás personas: la necesidad de atención, aprecio, reconocimiento, reputación, estatus, dignidad, fama, gloria, e incluso dominio.

La merma de estas necesidades se refleja en una baja autoestima y complejo de inferioridad. El tener satisfecha esta necesidad apoya el sentido de vida y la valoración como individuo y profesional, que tranquilamente puede escalonar y avanzar hacia la necesidad de la autorrealización.

La necesidad de autoestima, es la necesidad del equilibrio en el ser humano, dado que se constituye en el pilar fundamental para que el individuo se convierta en el hombre de éxito que siempre ha soñado, o en un hombre abocado hacia el fracaso, el cual no puede lograr nada por sus propios medios.

- Necesidades de autorrealización :

Este último nivel es algo diferente y Maslow utilizó varios términos para denominarlo: motivación de crecimiento, necesidad de ser y autorrealización.

Son las necesidades más elevadas, pues se hallan en la cima de la jerarquía, y a través de su satisfacción, se encuentra un sentido a la vida mediante el desarrollo potencial de una actividad. Se llega a ésta cuando todos los niveles anteriores han sido alcanzados y completados, al menos, hasta cierto punto.

Personas auto-realizadas:

Maslow consideró autorrealizados a un grupo de personajes históricos que estimaba cumplían dichos criterios: Abraham Lincoln, Thomas Jefferson, Mahatma Gandhi, Albert Einstein, Eleanor Roosevelt, William James, entre otros. Maslow dedujo de sus biografías, escritos y actividades una serie de cualidades similares.

Estimaba que eran personas:

- Centradas en la realidad, sabían diferenciar lo falso o ficticio de lo real y genuino.
- Enfrentan los problemas en virtud de sus soluciones.
- Con una percepción diferente de los significados y los fines.

En sus relaciones con los demás, eran personas:
- Con necesidad de privacidad.
- Independientes de la cultura y entorno basándose en sus propios juicios y experiencias.
- Resistentes a la enculturación, pues no eran susceptibles a la presión social.

- No eran conformistas.
- Con sentido del humor no hostil, prefiriendo bromas de sí mismos o de la condición humana.
- Buena aceptación de sí mismo y de los demás, tal como eran, no pretenciosos ni artificiales.
- Frescura en la apreciación, creativos, inventivos y originales.
- Con tendencia a vivir con más intensidad las experiencias que el resto de la humanidad.

2- *Acorde con Manfred Max-Neef,*

Antonio Elizalde y Martin Hopenhayn en el libro Desarrollo a escala humana (1986), y también con Paul Ekins en Riquezas sin límites, Atlas Guía de la economía verde, a esta concepción de Maslow se le atribuye la legitimación de la piramidalidad social. Si las necesidades están jerarquizadas y son infinitas, la sociedad se configurará también jerárquicamente donde sólo la cúspide accede a *más y a más,* a costa de mantener abajo a una base cuanto más amplia y desposeída más conveniente. Esto se contrapone a la visión del desarrollo a Escala Humana, donde se esgrime que las necesidades son pocas, finitas, clasificables y universales. Forman un sistema de 9 necesidades con cuatro formas de realización:

subsistencia, protección, afecto, comprensión, participación, creación, recreo, identidad y libertad, mediante el ser, el tener, el hacer y el relacionarse.

3- Anthony Robbins, a diferencia de Maslow, en sus cursos las define como seis necesidades humanas (Six Human Needs) y explica que cuatro son necesidades básicas: seguridad, variedad, significado, relaciones y amor; y las otras dos son necesidades de realización.

Seis Necesidades del Ser Humano:

1. Seguridad/Certeza , (Sentimos la necesidad de seguridad y confortabilidad).
2. Valoración (Complemento de estimulación Física y Mental).
3. Reconocimiento (Sentirse especial en atención)
4. Amor y Conexión (Sentirse conectado y recibir Amor).
5. Crecimiento (Construirte y expandirte)
6. Contribución (Ser contribución para otros)

Y explica que todo el mundo favorece dos necesidades sobre las otras. Las necesidades que te preocupan más en la vida son el mayor factor decisivo en tu vida.

Alguien que se centra en el amor y la conexión tendrá una necesidad completamente diferente de alguien que se centra en sentirse importantes o especiales.

Nuestras necesidades determinan en gran parte como vemos, actuamos y nos relacionamos con los demás.

Conoce tus necesidades, sentirte amado, tener seguridad y protección, disfrutar, sentirte especial o importante, tener experiencias nuevas, progresar en la vida o aportar algo al mundo.

Pregúntate a ti mismo:
¿En qué necesidades me enfoco más en mi vida?
¿Que hago para alcanzar esas necesidades?

- **Tus Fortalezas**

Aprecia tus fortalezas y cuéntalo como lo mejor del mundo.

Descubre tus puntos fuertes y aprecialos. Todos tenernos algo que sabemos hacer y es lo mejor que hacemos, eso es un don. Se brillante en tus fortalezas y no pierdas tiempo en tus debilidades.

Si descubres tus talentos naturales y los fortaleces, el fracaso no será una opción ni una alternativa.

Mucha gente dedica mucho tiempo a sus debilidades y no lo suficiente en desarrollar su potencial y sus talentos. Trabajar en aquello que nos agota nos debilita y nos saca del propósito. Hay mucha gente que no tiene ninguna especialidad, saben un poco de todo pero sin excelencia porque no se enfocan en sus talentos naturales.

Reforzar lo negativo nos determina a estar más pendiente de las opiniones que los demás tienen sobre nuestras capacidades, que de lo que consideramos que somos capaces de realizar.

Preguntas:
¿Cuáles son tus fortalezas?
¿Qué es lo que te apasiona que no te cansas de hacer?
¿En qué área eres excelentemente bueno?

Fuimos creados para vivir no solo para existir.

- **Tus Debilidades**

Aproximadamente el 75% de todo lo que escuchamos es negativo; por esta razón tenemos la tendencia a pensar en lo negativo solamente. Pocas veces pensamos en nuestras capacidades y talentos.

Durante siglos, nuestra educación se basó e hizo énfasis en lo que no sabemos y nos impulsaba a mejorar en ello, en las debilidades, para terminar siendo mediocres en todo.

Por otra parte reconocer tus debilidades requiere valor, no es fácil reconocer que somos irresponsables, indisciplinados, flojos, enojones, deshonestos, desidiosos, etc. Sin embargo es importante conocerlo, no se puede vencer lo que no se conoce.

No estoy hablando de ser perfecto, pero sí de ir en busca de la perfección.

El secreto está en transformar los defectos en fortalezas opacándolos con los talentos. Nuestro enfoque está en tus fortalezas.

"Si te dedicas mucho tiempo a trabajar en las debilidades, puedes terminar con muchas debilidades fuertes"

Dan Sullivan.

J. MANUEL SANCHEZ

CAPITULO VI

ASUME TU RESPONSABILIDAD

"La mejor manera de predecir el futuro es crearlo tú mismo"

Peter Drucker

¿De quién depende mi éxito o fracaso?

Nuestro potencial es un regalo de Dios y tenemos la responsabilidad de desarrollarnos. Enfoca tu vida en las metas, concéntrate en el mejoramiento continuo, olvida el pasado y enfócate en el futuro.

Tú eres el responsable de tu propio éxito. No importa cómo te estés experimentado, hoy toma acción por tu vida; no esperes a estar bien para actuar, en el momento que tomes acción comenzaras a experimentar bien.

- **Toma responsabilidad.**

Los seres humanos tenemos la libertad de decidir qué pensar, sentir y qué hacer.

Tenemos la capacidad de transformar un fracaso en éxito, sin embargo esto requiere que asumamos 100% de responsabilidad. Somos creadores de nuestros logros y de nuestros errores. Tus resultados son el compromiso que tienes con lo que quieres.

¿De quien depende mi éxito o fracaso?

Todos, en algún momento, tuvimos o sentimos miedo de volvernos a equivocar, Miedo a un resultado o rechazo no esperado. El miedo a repetir el error paraliza, inmoviliza e inhabilita para seguir avanzando y aprendiendo al mismo tiempo de ese proceso de ensayo y error necesario y esencial para el triunfo.

El miedo te quita la esperanza y te roba la fe. Te hace perder de vista el objetivo y te lleva a una zona de confort y conformismo en donde nada sucede.

Recuerda que, cuanto más grandes sea tu proyecto y tus objetivos, mayores serán los obstáculos con los que te encuentres y requerirán de mayor fortaleza y energía. El camino al éxito está lleno de riesgos, pero traspasarlos implica crecimiento y aprendizaje. Todos los grandes genios y científicos de la historia asumieron los riesgos.

Una persona responsable piensa antes de actuar, elige la mejor opción, toma sus decisiones, vuelve a hacer el intento cuando le sucede algo malo, siempre halla la forma de que las cosas sucedan, emplea su tiempo y energía en lo que puede influir, aprende de sus errores, hace más de lo que le piden, se compromete y cumple.

- **Elimina las Excusas**

Las estadísticas muestran que el 99% de los fracasos corresponden a personas que tienen el hábito de excusarse.

El diccionario dice, que una excusa es un motivo o un pretexto usado para eludir una obligación. Eres libre de decidir que pensar, que sentir y hacer y de cada excusa que expones para justificar lo que hiciste.

Pasamos la vida dando argumentos y explicaciones como: "si no hubiera sido así", "si me hubieran dicho antes", "si no hubiera dicho eso", estas son solo palabras que no solucionan nada.

La personas que no se animan a alcanzar el éxito que no creen en sí mismos, viven dando explicaciones de por qué no logran sus sueños y transformando esas explicaciones en excusas creíbles.

"Una excusa es la supuesta prueba de que usted hizo lo que no hizo; sin embargo, a pesar de todas sus explicaciones posibles, el fracaso y el error siguen existiendo"

John Mason

- **Deja de hacerte la Víctima**

Enfócate en tus habilidades, no victimices el error. La matriz del éxito radica en confiar en nuestra capacidad de acción. Y recuerda que nunca sabrás todo lo que puedes hacer, hasta que no empieces a hacerlo. Para ser un exitoso debes extender tus propias estacas y romper con tu limitación.

Cuando dices una excusa lo primero que haces es convencerte a ti mismo que lo que estás diciendo es verdad.

Es común escuchar frases como: "A mí me gustaría pero...", "Si tuviera dinero...", "Si viviera en...", "Mis papas no me dieron escuela"

El segundo paso es tomar la posición de víctima, de pena y de fracaso culpando a todo y todos de la situación. "Tu me haces enojar", "Por tu culpa estoy así", "Ustedes no me entienden", "Tu no me haces feliz".

Toma responsabilidad de tus actos y pensamientos, deja de culpar a otros por tus resultados. Es muy fácil culpar a otros por nuestros fallos, toma responsabilidad de poner las cosas en orden contigo mismo, culpar a otros es entregar tu poder y ponerte en la posición de víctima.

Nosotros somos 100% responsables por nuestra vida y cada uno establecemos los límites. Nosotros tenernos el poder de decidir que pensamientos, que sentimos y qué hacer. Somos creadores de nuestros logros y fracasos, para lograr el éxito requiere tomar la responsabilidad y el compromiso de hacerlo posible.

Ninguna voz exterior puede determinar quién eres. Tu voz interior es auténtica y corresponde a la que te formó, es la voz que desea que prosperes en todo, en alma, cuerpo y espíritu.

Recuerda ¿Quién tu eres?

En una ocasión le preguntaron a Leonardo Da Vinci, cuál había sido su mejor logro y éxito en la vida, él contestó con orgullo: "Leonardo Da Vinci"

Reconocer tus realidades internas y descubrir que eres diferente de los demás y único, es necesario para que puedas definir en tu mente y en tu interior que es lo que esperas.

- **Maneja tu tiempo**

"Hay un tiempo para cada cosa, y un momento para hacerlo bajo el cielo, hay un tiempo para nacer y otro para morir; tiempo para plantar y otro para arrancar lo plantado. Un tiempo para dar muerte y otro para sanar; un tiempo para destruir y un tiempo para construir".

Eclesiastés 3:1-3

El tiempo es nuestra vida, atreves de la historia los sabios, filósofos, poetas y científicos se han preguntado ¿Que es el tiempo?

Platón: "El tiempo es la imagen de la eternidad"

Marco Aurelio: "Como un río formados por los hechos que adquiere violenta corriente, apenas se pierde uno y aparece otro para dejar su lugar al que sigue".

Albert Einstein: "Continuidad entre espacio y tiempo, la 4ta dimensión"

Vigilio: "El tiempo huye para no volver"

Juan Arquijio "El tiempo veloz corre y queda solo el dolor de verlo mal perdido"

El tiempo es un sistema en el que se integran la cultura, la sociedad y la vida personal. Los aparatos de medición (reloj, calendario) fueron inventados por el hombre tomando como referencia los efectos naturales, el día, la noche, las estaciones, etc. Estos solo miden el paso del tiempo, no señalan el concepto de una persona a otra en sus conceptos.

Todas las personas jóvenes, viejos , pobres y ricos cuentan con 24 horas y el tiempo puede ser percibido de diferentes maneras, el tiempo puedes ser elástico cuando hay algo que no te gusta puedes percibirse como que se extiende , en cambio para alguien que tiene muchas ocupaciones puede percibirse como muy corto y sentir que no tiene tiempo. Algunas personas pueden estar mirando el pasado, otras mirando el futuro y otras viviendo el presente.

El valor del tiempo solo lo tiene el presente. El tiempo es inexplicable materia prima con el todo se puede sin el nada.

Algunas personas justifican el fracaso con la excusa de "No tengo tiempo".

Mucha gente se queja de falta de tiempo, si estamos demasiado ocupados la sensación que tenemos es que pasa demasiado rápido a diferencia cuando realizamos menos actividades.

Todos tenemos la misma cantidad de tiempo. La diferencia está en cómo lo usamos, es importante entender cómo es tu relación con el tiempo y cómo influye en tu vida.

Aspectos centrales de la vida.

- Profesión y trabajo.
- Dinero.
- Relaciones interpersonales.
- Salud y bienestar.
- Crecimiento personal

La vida es como una obra de teatro donde todos somos los protagonistas. Al nacer se levanta el telón, se encienden las luces y el propósito es salir como protagonista y a hacer una gran representación de lo que es tu vida. Hay gente que sale al escenario a dar todo su máximo a hacer grandes cosas, pero hay otros que salen a dar mediocridad con proyectos pobres, pequeños y otros que apenas y se asoman al escenario y el miedo los paraliza. Cuando se abre el telón es tiempo de hacer grandes cosas, de tener grandes ideas, de dar tu máximo, tu 100%; Naciste para impactar al mundo.

"El tiempo es dinero, no podemos comprar o invertir tiempo, solo lo podemos utilizar".

Franklin

Manejo de tiempo

- Haz un inventario de tus actividades y el tiempo que le dedicas.
- Identifica qué actividades te están absorbiendo tu tiempo y que puedes modificar.
- Plan:
  1. Define la meta: Visualiza lo que quieres con exactitud, se especifico.
  2. Prepara un programa paso a paso (Plan)
  - Pasos del plan.
  - Ponle tiempo a cada paso.
  - Ajústate a ese tiempo.
  3. Haz una cosa al tiempo, agenda cada actividad.
  4. Presupuesta tu tiempo, cuánto cuesta una hora de tu tiempo.
  - Valora tu tiempo.
  - Pide apoyo a personas.
  - Aprende a delegar.
  5. Haz una lista de las cosas que realmente son esenciales.
  - Has lo realmente importante
  - Evita las rutinas
  - Simplifica el proceso.Siempre busca mejorar el proceso.

Distribución del Tiempo

Aprende a distribuir "tu tiempo" como si fuera una carrera contra "el tiempo".

- Selecciona y reconoce los procedimientos anticuados u obsoletos.
- Delega tareas que otros pueden hacer.
- Concéntrate en lo que haces, escucha atentamente y deja a tu subconsciente fuera.
- Vigila minuto a minuto al tiempo.
- Enfócate en el momento presente.

Si sufres por falta de tiempo, puede ser que los hábitos malos te estén gobernando, enfócate en crear nuevos hábitos.

1. Coloca libretas de notas en las áreas específicas y úsalas.
2. Haz una lista de actividades urgentes y otra de importantes.
3. El día de hoy haz las cosas urgentes una cosa a la vez y guarda la lista de importantes.
4. El siguiente día continúa con la lista de importantes una cosa a la vez.
5. No te preocupes, ocúpate.

> *"Termina cada día y acaba con él,*
> *mañana será un nuevo día".*   **Emerson**

J. MANUEL SANCHEZ

LAS DOS CARAS DEL ÉXITO

CAPITULO VII

VIDA CON PROPOSITO

Todos los seres humanos fuimos creados con un propósito, somos seres únicos con capacidades únicas, talentos únicos, es nuestra responsabilidad descubrirlos y desarrollarlos, encontrar nuestro verdadero ser y encontrar nuestra misión de vida.

"¡Seguramente Dios no hubiera creado un ser como el hombre para que solo existiera por un día! No, no el hombre fue creado para la inmortalidad"

Abraham Lincoln

- **Pide lo que realmente quieres**

Pide y se te dará, busca y hallaras, llama y te abrirán.

Mateo 7:7

En unas vacaciones de verano en mi adolescencia , decidí buscarme un trabajo temporal , en esa búsqueda llegue a una fábrica de calzado , cuando me entreviste con el dueño me preguntó qué experiencia tenía , yo le contesté que ninguna y que solo quería trabajar, cualquier cosa estaba bien. Después de pensarlo por un momento me dijo que si, y me mostró mi trabajo, trabaje por una semana pegando el tacón a las suelas del zapato, aproximadamente diez horas diarias, cuando llegó el fin de semana el dueño personalmente le estaba pagando a los empleados, les pagó a todos excepto a mí, eso me pareció muy extraño , confundido y con miedo me acerque a él y le pregunté por mi pago a lo que el contesto : " De que me hablas, tú me pediste trabajo y yo te lo di , pero tú nunca me pediste o preguntaste si te pagaría por ello", con lágrimas agache mi cabeza y me di la vuelta...él soltó una carcajada y me dijo "Cuando quieras algo pide exactamente lo que quieres". En esta anécdota afortunadamente si me pagó, él solamente me quería dar un mensaje y aprendí una gran lección.

Si realmente pidiéramos lo que en verdad queremos, las cosas llegarían sin tantos dolores de cabeza y nos ahorraríamos tiempo y energía. Muchas veces asumimos que la gente que nos rodea, pareja, padres, hermanos, etc. deberían saber lo que queremos y que no hay necesidad de pedirselos, solemos pensar que ellos tienen los mismos deseos y necesidades que nosotros.

Quizás tenemos una creencia de que si pedimos algo, esto tiene menos valor, que para que verdaderamente sea valioso debería de ser espontáneo y la otra persona debería de saberlo. La realidad es que la otra persona no sabe lo que tú quieres o necesitas, de hecho muchas veces ni tú mismo lo sabes. La mayoría de nosotros damos lo que nos gustaría recibir.

Es indispensable satisfacer nuestras necesidades afectivas, para este proceso, requerimos saber que queremos luego pedirlo, sin embargo esto podría ser no tan sencillo, para esto requiere hacer a un lado el ego y abrir el corazón y ser vulnerable para pedir de una manera libre.

La mejor manera de llegar al éxito es decidir lo que quieres ser y luego poner en práctica esa decisión. De esta manera atraerás sin esfuerzo la vida que quieres. Cuando eres feliz, estás relajado, te la pasas bien y haces lo que te gusta, atraes el éxito de un modo natural. Las personas no pueden evitar que las atraigas, y las oportunidades están en tus manos.

Para lograr tus metas y el éxito, es necesario saber que quieres, no desgastes tu energía física y emocional pensando en lo que no quieres. Visualiza que quieres lograr, cómo quieres verte en el futuro, qué harías si el dinero no fuera un obstáculo y supieras que no puedes fallar. Has metas específicas, mensurables, alcanzables, realistas y oportunas, además utiliza todos tus sentidos a la hora de diseñar tus metas. *Las probabilidades de éxito son mayores cuando tu motivación es interna.*

- **La clave del éxito es el Deseo**

"Todo lo que el hombre crea o adquiere, comienza en las formas de deseo, El deseo es elevado en la primera vuelta al viaje, desde lo abstracto a lo concreto, hacia adentro del taller de imaginación, donde los planes para su transición son creados y organizados".

Napoleon Hill

Las personas que saben lo que quieren en la vida, que tienen una estrategia, una visión, un propósito o un objetivo, son más prósperas y afortunadas. Si tienes un propósito, una dirección a seguir, atraerás gente con intereses similares.

¿Qué pedirías si supieras que lo tendrías?

Los seres humanos siempre estamos decretando de manera consciente o subconsciente, todo lo que has tenido y tienes lo has pedido. Uno de los libros más antiguos, la Biblia, constantemente menciona esto mismo; existen diferentes creencias respecto a la identidad y naturales de Dios, sin embargo la mayoría sabemos que fuimos creados por una fuerza o energía superior.

Fuimos creados a imagen y semejanza, antes que el hombre está consciente de ser hombre, deberá estar consciente de su ser y existencia. Entonces tu estás atrayendo a tu mundo todo aquello de que tu estas consciente de ser.

La pregunta es ¿Quién Soy? , ¿Quién realmente crees que tú eres?; en tu entorno será reflejado el verdadero concepto que tengas de ti mismo. Si tu atención está en la limitación y en no merecer eso, será lo que estarás atrayendo a su vida. Si deseas tener prosperidad y abundancia, primero debes sentirlo para luego tenerlo.

Entonces podemos deducir que somos nosotros mismos, los que creamos nuestra propia luz u obscuridad.

Deja afuera la creencia de quien tú crees ser y reconócete por quien tu eres. Pide y se te dará, primero haz conciencia de lo que deseas obtener y estas se manifestaran. "Cuando decretas una cosa cree que ya la tienes y la tendrás".

¿Cuál es tu propósito en la vida?
¿Para qué estás aquí?
¿Qué te dice tu voz interior que hagas?

Tú eres tu posesión más valiosa, tienes todo para lograr lo que realmente quieres en tu vida, con tu familia, salud, finanzas, trabajo etc.

Atrae todo lo que deseas sin perseguirlo tus pensamientos tienen poder y se manifiestan en la realidad; tu realidad es simplemente el reflejo de tus propias ideas. Debes tener la convicción de que es.

Las palabras "Yo Soy" son muy poderosas. Ten cuidado con lo que digas después de ellas. Aquello que reclamas tiene una manera de llegar a ti y reclamarte a su vez"

L. Kitselman

- **Planifica y proponte Metas exigentes:**

En la ruta del éxito consiste en fijar metas exigentes y ponerlas por escrito.

Es tener un plan de vida para ir hacia las metas. Este plan está regido por principios universales enraizados profundamente en la naturaleza humana.

Ahora pregúntate:

¿Cuál es la meta más importante para mí?

¿Cuál es el área de mi vida que requiero fortalecer?

¿Qué quiero lograr en este año?

¿Qué quiero lograr en mi vida personal, familiar, negocios, espiritual?

"Si la Visión de un líder o de un equipo no es clara, todo lo que hagan perderá propósito, valor y urgencia."

Meta:

Un destino a llegar, de un inicio de partida a un final. Fin al que se dirige una acción u operación. Las metas son los pasos que se deben dar y lograr para alcanzar los objetivos. Las metas son como los procesos que se deben seguir y terminar para poder llegar al objetivo. Una metas, es pues lo que conduce a lograr el objetivo.

Objetivo:

El propósito. Los objetivos son los fines a alcanzar. Todo objetivo está compuesto por una serie de metas, que unidas y alcanzadas conforman el objetivo. En consecuencia, el objetivo es el resultado de haber alcanzado cada una de las metas necesarias o planteadas para lograr el objetivo propuesto.

Visión:

Visión es un sueño anhelado con todo tu ser. Lo que el hombre puede imaginar y desear con toda el alma. Es la imagen deseada del futuro, para una persona, equipo u organización. La Visión soportada por tu Misión puede ser tan poderosa que trasciende.

Misión:

La Misión es la declaración escrita de tu cometido, de tu propósito de vida. Es tu llamado, tu vocación. Tu Misión se convierte en tu credo.

Mucha gente tiene la creencia que para *Ser* feliz necesitamos tener muchas cosas, asociamos la riqueza, fama y éxito con la felicidad. Piensan que lo material los hará felices, entonces comienzan a *hacer*, estudiar para *tener* un diploma, para tener una profesión y luego un buen trabajo y luego tener una casa, autos , dinero , viajar y finalmente Ser felices.

El enfoque está siempre en el hacer, haciendo y buscando de la felicidad... sin embargo no está en lo que haces o de la manera que lo haces, tampoco tener todo lo que imaginas y luego sentirte feliz. La felicidad es natural y forma parte de nosotros es una actitud y una decisión. No es lo que tienes que hacer tiene que ver con el Ser. Enfócate en tu Ser y todo lo demás llegará por sí solo.

Cuando establezcas metas no comiences pensando que vas a hacer para tener, mira quién requieres Ser para lograr la meta.

Pregúntate a ti mismo:

¿Qué quiero Tener?
¿Quién necesito Ser para lograrlo?
¿Qué voy a hacer?
¿Estoy teniendo el resultado?
¿Tu Visión es clara?
¿Te has preguntado porque si tengo la meta, objetivo o visión clara no la he logrado?
¿Que hay entre mi visión y lograrlo?

"El éxito no se logra sólo con cualidades especiales. Es sobre todo un trabajo de constancia, de método y de organización"

El Plan de vida es un serie de Metas que te llevan a un fin deseable, es un propósito u objetivo que deseas lograr. Son las que te llevaran a la realización de tu Visión y de la cristalización de tus sueños, y a la ejecución de tu Misión de Vida.

Requisitos:

1. Debe estar por escrito.
2. Debe Ser específica y clara.
3. Debe ser medible (que sea posible saber si se cumplió o no y en qué porción)
4. Debe ser realizable (explica cómo se hará)
5. Debe ser digno de tu grandeza. (deben ser un reto u estiramiento)
6. Debe tener fecha de duración (Inicio y Final, 90 días.) Esto es muy importante, porque "una meta sin fecha es tan solo un sueño, una fantasía.
7. Debe ser congruente con tus valores, principios y creencias.

El éxito se construye paso a paso. Cada meta dada es un paso dado, El propósito es apoyarte para que mantengas las áreas de tu vida balanceadas y en equilibrio.

1- Área Espiritual:

La Espiritualidad es poner la mente en contacto con el alma. Es establecer una comunicación entre la razón y el espíritu para descubrir nuestro propio significado. Es la búsqueda del sentido de nuestra vida. La vida tiene un significado, un sentido, que no se encuentra en lo material sino en el interior de cada persona. Los bienes materiales son ilusorios.

Debes aprender a mirar hacia adentro de ti. Ponte una meta que fortalezca tu espíritu.

2- Área Intelectual:

Tu mente es el principal instrumento de éxito. Si no lo mantienes afinado, no podrás utilizarlo óptimamente cuando sea necesario. Lo que entra en tu mente, se refleja en tu vida. En tu mente se crea tu destino. Es una herramienta portentosa y tiene capacidades inimaginables. Es tu responsabilidad de explotar al máximo tus capacidades mentales. Haz que tu cerebro trabaje para ti y te apoye a hacer realidad tu visión, cumplir tu misión y lograr tus metas. Cuida tus pensamientos, lo que ves y escuchas.

3- Área Afectivo/ Emocional:

Esta es el área de los sentimientos y emociones. Tiene que ver con tus relaciones con los demás y con tu vida amorosa. Es importante porque los sentimientos, especialmente el amor, juegan un papel sumamente importante en la vida de toda persona; por lo tanto es fundamental tener metas hasta el grado en que es posible hacerlo.

Nuestras emociones se desarrollaron como un mecanismo de defensa en nuestros primeros ancestros, pero la vida ha cambiado. Ahora vivir tiene un alto costo emocional.

4- Área Familiar:

Este aspecto se refiere a la vida en familia, a la relación con tus padres, hermanos, con tu cónyuge y tus hijos. Se refiere a la creación de un hogar feliz. La armonía familiar es una de las cualidades que todo hogar debe tener. Cuando existe armonía en casa, el hogar se convierte en el refugio de sus miembros. La falta de armonía, conduce a muchos males: infidelidades, alcoholismo, violencia intrafamiliar, drogadicción, desprecio, ausencia. etc. Crea metas familiares donde existan el respeto y participación de los miembros de tu familia.

5- Área Recreativa:

Divertirse es parte de una vida sana. Por supuesto diversión sana, que no causa daño espiritual, mental o corporal.

La recreación o diversión debe ser un descanso de la actividad principal. El deporte puede ser una excelente opción. Involucra a tu familia a participar de actividades que les apoye a la unión familiar.

6- Área Social:

Es importante tener metas en el área social. Los seres humanos somos entes sociales. No podemos vivir aislados de los demás, con excepción de que seamos ermitaños. Vivimos rodeados de personas con las que queramos o no, debemos interactuar; con nuestros padres, hermanos, maestros, compañeros de trabajo, etc. Es por esto que requiere que practiquemos virtudes como la compasión, generosidad, comprensión, gratitud, amabilidad y lealtad. Estas son virtudes que nos apoyan para tener buenas relaciones humanas. "Tratar a otros como deseo ser tratado".

El aspecto social incluye elementos como amistad, servicio, patriotismo, etc.

7- Área Físico/ Corporal:

Es importante el conocimiento de nuestro cuerpo y nuestra salud, así como también que te fijes metas apropiadas para vivir saludablemente todos los años que te restan para alcanzar tu meta de edad.

Solo tenemos un cuerpo y por lo consiguiente es razonable cuidarlo y respetarlo. Nuestro cuerpo requiere descanso suficiente, alimentación, ejercicio, aseo, etc.

8- Área Profesional:

Es indispensable que te forjes metas en el área profesional, ya sea si eres estudiante, un trabajador o un empresario. El trabajo es un lugar de oportunidades donde tienes la libertad de superarte; es donde pones a prueba cada día tus destrezas. Mantén al día tus conocimientos en el ramo de tu profesión. Ponte metas que te dirijan al éxito.

9- Área financiera:

Es área es importante, sin embargo, no más que las otras, es importante aprender a balancear el área financiera con las otras áreas. Cuida que esto no sea una obsesión, que tus metas financieras estén cimentadas en tus valores.

Tener seguridad económica es tranquilizador, sin embargo el dinero no es la vida, es solo un medio para tener una vida cómoda en el sentido económico solamente.

El dinero no te compra salud física o mental, ni te comprara verdaderos amigo, ni amor.

Si te haces esclavo del dinero, siempre querrás más. Y si lo llegas a perder, sentirás que tu vida no tiene sentido. Cuida las otras áreas, pues del éxito de ellas dependerá en gran medida de tu éxito financiero.

- **Compromiso:**

Un compromiso es lo que separa a la gente con sueños   ilusorios de los exitosos con resultados reales. Comprometerte contigo mismo puede llevarte a realizar cosas extraordinarias, es la fuerza para lograr nuestros sueños, sin importar lo que suceda, la derrota, el desastre, la pobreza, la enfermedad, jamás te permitirá quitar la vista de tu objetivo.

"Estar dispuesto y hacer lo que tengas que hacer sin importar que tengas ganas o no"

Posiblemente has pasado por la desilusión de retrocesos anteriores   y conoces la dificultad de mantener tu compromiso con tus metas. Atrévete a soñar e imaginar con algo que estés dispuesto a dar la vida para hacer que esos sueños sucedan.

Concéntrate en lo que es realmente importante para ti, piensa que, si te comprometes contigo mismo, alcanzarás los cambios que te propones.

El compromiso comienza en el corazón, es la pasión que tú le pones a las cosas que dices que vas a hacer, sin compromiso no hay razón para hacerlo.

Ejemplos de declaraciones de Compromiso:

- Me comprometo a asumir la responsabilidad de encontrar las soluciones más convenientes para mí y mi familia.
- Me comprometo a estar dispuesto, a ser honesto conmigo mismo y a tomar acciones positivas.
- Me comprometo a aprender a conocerme, de manera que pueda modificar o cambiar hábitos y comportamientos nocivos por otros creativos y productivos.
- Me comprometo a aprender algo de todas mis experiencias y acciones.
- Me comprometo estar a tiempo con los planes y tareas.

*"Mi compromiso es más grande
que mis circunstancias"*

- **Toma Acción:**

Luego de comprometerte ponle acción, una meta sin acción es solo una bonita idea. Escribe de qué manera tu vida va a ser diferente si logras esta meta.

¿Por qué quieres lograr esta meta?

¿Cual es el beneficio para ti o para tu familia si logras tu meta?

¿Cual es la razón por la que quieres lograr esa meta?

Si el **POR QUÉ** es lo suficiente grande, él **CÓMO** se va a presentar.

Escribe lo que estás dispuesto a hacer para lograr tus metas. Va a requerir que de ti pagar el precio del éxito.

"El precio del éxito es trabajo, estudio, dedicación, disciplina".

Carlos Cuauhtémoc Sánchez

Tomar acción inmediatamente sobre tu plan. Porque con acción todo es posible y sin acción nada es posible. Tomar acción es el principal ingrediente para lograr tus metas.

Usa la ley de la atracción para lograr tus metas. Lee tus metas dos veces al día. Una vez en la mañana al levantarte y otra vez en la noche antes de dormirte. Y visualiza tus metas hechas realidad. Vive los sentimientos y las emociones de ver tus metas hechas realidad. Práctica esta fórmula tan poderosa y tú también podrás hacer todas tus metas y tus sueños una realidad.

"Lo que separa a los triunfadores de los fracasados es que los triunfadores son personas de acción"

- **Elimina las pequeñas molestias**

Dos maneras para lograr lo que deseas.

Nos han enseñado a decidir el objetivo y luego ir tras él, pero muchas veces terminamos forzando las cosas y esto puede terminar en frustraciones, estrés etc.

La gente nombra de diferente forma a la atracción: buena suerte, casualidad, sincronicidad, buenos contactos etc. no importa cómo le llames todo comienza contigo mismos tu eres la causa y efecto, la fuente.

La gente fuerte tiene la habilidad de conseguir lo que quiere, de atraer buenas oportunidades y riqueza. Una fórmula de éxito, aumenta tu poder innato, elimina todo lo que te absorba energía, malos hábitos y has todo lo que te genere energía.

Elimina las pequeñas molestias, por pequeñas que estas sean son molestias que te absorben la energía, te crean irritabilidad y te agotan. Puede ser que tengas muchas de estas pequeñas molestias, comienza a encontrar una solución a estas y mantén tu camino libre para estar enfocado en lo que quieres en tu vida. Di no a las cosas o malos hábitos que te roban la energía.

- Haz una lista de tus pequeñas molestias y comienza a quitarlas de tu camino.
- Haz otra lista de malos hábitos y comienza a cambiarlos por buenos.

CAPITULO VIII
CLAVES PARA EL ÉXITO.

- **Soluciona tus conflictos Internos:**

- Pensamientos limitantes: Los límites que nos hemos formado mentalmente, estas ideas llamadas paradigmas que creemos son verdaderas que en realidad son falsas.
- Emociones: Reconoce y toma control de tus emociones, conoce tus límites.
- Baja autoestima: Escucha tu voz interior, reconoce el gran ser humano que eres y los talentos únicos que posees, apréciate.
- Culpa: La culpa es el sentimiento que mas tortura al ser humano, un sistema de manipulación para otros y para sí mismos.
- Duda: Es un estado de pausa donde nada sucede, te puede mantener en un estado de confort, analizando cada detalle, que puede provocar una parálisis para tomar decisiones.
- Miedo: El miedo paraliza, cuando mayor sea el miedo a equivocarte, mayores serán las

posibilidades de fracasar. El miedo al compromiso contigo mismo.

- **Clarifica lo que quieres:**

Saber lo que querernos es un buen punto de partida sin embargo si aún no encuentras lo que quieres, pregúntate ¿Qué no quiero? Y luego vuelve a hacerte la pregunta ¿Qué quiero?

- **Información:**

La información es un factor importante e indispensable para el éxito en el área de los negocios e inversión en proyectos. La falta de información acarrea decisiones equivocadas y ellas atraen resultados negativos.

Definitivamente un factor importante cuando mi esposa y yo, compramos nuestra casa, fue la falta de información, y confiamos en otras personas nuestros intereses.

El cerebro es como un músculo, tu mente y tu inteligencia, también. Se conoce y se desarrolla a medida que lo utilizamos y sabemos de su potencial.

Aprender no es sólo información, sino la capacidad de implementar adecuadamente las acciones que corresponden a ese aprendizaje. La clase de información que recibamos será clave en las decisiones aplicadas.

El aprendizaje está ligado al movimiento, es acción, en este movimiento sabemos que siempre hay algo para aprender, crear nuevas posibilidades. Somos parte de un resultado y parte de lo que producimos.

Te recomiendo que veas menos televisión y que en su lugar leas las novedades sobre los objetivos que deseas alcanzar. Lee un libro mínimo al mes, escucha conferencias de relacionado a tu profesión o al área que te vas a involucrar, júntate con gente positiva y exitosa, analiza las opciones sin caer en parálisis, esto te dará nuevos datos, herramientas para especializarte.

- **Tomar decisiones:**

Todos tenemos la libertad de tomar decisiones, sin embargo, tomar malas decisiones nos pueden llevar a una vida de errores y frustraciones.

- Decisiones basadas en la fantasía: Estas decisiones se basan en que las personas se mueven por lo que sienten y otros por lo que no sienten, están fundamentadas en suposiciones. Para tener éxito requieres saber que un

133

pensamiento correcto te llevará a acciones correctas y estas a resultados extraordinarios.

- Decisiones basadas en lo que dicen otros: Estas están basadas en la opiniones de los demás, las voces externas tienen más poder que su voz interior. Toma el control de tu vida, nadie tiene el poder de decidir si puedes o no, hacerte enojar o sentirte inferior.

- Decisiones basadas en conflictos: Los conflictos internos como las emociones son mala combinación a la hora de tomar decisiones, lo conflictos no resueltos no te permiten enfocarte en tu visión y proceso del éxito. Toma control de tus emociones, elige tener el control. Tú no eres tus circunstancias, recuerda quien tú eres.

- Decisiones basadas en distracción: La apatía y desinterés te aleja a tomar buenas decisiones.

- Decisiones basadas sin investigación o planeación: Si no dedicas el tiempo para investigar y planear, estarás planeado fracasar. Comienza a hacerte preguntas de lo que requieres, investiga, planifica y acciona.

- Decisiones basadas en el orgullo: El Ego, el orgullo y la terquedad son malos consejeros, es una lucha interna, atrévete a reconocer que no sabes todo, flexionar y hacer algo diferente.

- **Planifica:**

Has prioridades y complétalas; no los dejes sin terminar. Enfócate en lo importante y deshazte de todo lo que no sirve, ideas, conceptos, relaciones, emociones y hábitos. Se proactivo y empieza a actuar el movimiento genera energía y déjate fluir.

- **Rediséñate:**

Si estás demasiado apegado a lo que ya tienes o conoces esto te limitará. Estar atado a tradiciones es negarse la oportunidad de renovarse, apegarse al pasado es robarte el presente creativo y un futuro atractivo, desecha todo lo que no te está funcionando y inventa algo diferente.

Recuerda que cuando los planes fallan, es solo una derrota temporal y no un fracaso permanente; este resultado sólo está mostrando que los planes no son sólidos, rediseña y comienza nuevamente. Thomas Alba Edison "Falló" diez mil veces antes de perfeccionar los bombillos eléctricos. Henry Ford se encontró en derrota temporal, durante toda su carrera antes de su victoria financiera.

Acepta la derrota como una señal, de que tus planes no son sólidos, reconstruye los planes e inicia de nuevo, si te rindes antes, entonces si es un fracaso.

- **Manejo del tiempo:**

Valora tu tiempo y aprovéchalo al máximo, no lo malgaste en cosas que no sirven, ¿Por qué a unas personas no les rinde el tiempo? Todos tenemos 24 horas, de ti depende cómo lo administras, sácale el mayor rendimiento posible. No dejes para mañana lo que puedes hacer hoy, no le des largas a la toma de decisiones. Ahorrar tiempo puede significar ahorrar dinero para una empresa. Concéntrate en las prioridades es importante.

Poner primero lo más importante. Es decir, las acciones más importantes que nos llevan al logro de las metas, tenemos que realizarlas necesariamente.

- **Motivación:**

No esperes a que todo esté a tu favor para motivarte, toma acción y a medida que estés teniendo logros la pasión y motivación aparecerá automáticamente, celebra cada logro por pequeño que este sea.

• **Actitud:**

Es importante como tú reaccionas frente a las circunstancias, la actitud es el ingrediente para enfrentar los errores, las derrotas o el fracaso. Las personas pueden estar pasando por las mismas circunstancias y la diferencia es con qué actitud se enfrenten a ellas. Tienes la opción de tomar una postura de víctima y de amargura o tomar la postura de ganador. El resultado no depende de la cantidad de habilidades o recursos, es el uso que le des a lo que tienes. Especialízate en algo y hazlo en excelencia. Ser portador de una buena actitud y de dar excelencia te llevarán a alcanzar el éxito.

Pregúntate:

¿Qué puedo hacer diferente?, ¿De qué otra manera puedo tener mejores resultados?, ¿Qué actitudes me desaniman?

"Hay muy pocas diferencias entre las personas, pero la pequeña diferencia marca una gran diferencia. Esta pequeña diferencia es la actitud. La gran diferencia está en si es positiva o negativa".

Clement Stone.

- **Pide Apoyo:**

Es de sabios reconocer que no sabes todo y no puedes hacer todo. Acompáñate de padres, maestros y amigos. Déjate ayudar por cuantas personas puedan y deseen hacerlo. Toma en cuenta que en el camino del éxito es mejor ir acompañado.

- **Rodéate de gente exitosa:**

Forma un equipo de trabajo: crea un equipo, lo más seguro es que tú no eres experto en todo, recuerda que otros tienen talentos que tú no tienes así como tú tienes otros talentos que ellos no tienen. Equilibra tu equipo de trabajo, existen tres tipos de mentes: la creativa, la diseñadora, y la ejecutora; personalidades como: Controlador, Soporte, Analítico y Promotor; cuando un equipo se unen respetando sus diferencias hacia un mismo fin y comparten la visión y la meta, el éxito es jugar un juego donde todos ganan. Científicos, escritores, presidentes, deportistas, la mayoría de gente exitosa han tenido un gran equipo de trabajo.

• Cuida lo que declaras:

"Por tus palabras serás condenado y por tus palabras serás justificado", "No es lo que entra por su boca lo que contamina al hombre, si no lo que de su boca sale; porque lo que de su boca sale, del corazón procede"

Jesús.

La palabra es el pensamiento del hombre, cada palabra que se pronuncia es un decreto que se manifiesta en lo exterior. Tus palabras tienen poder, todo lo que sale de tu boca tiene vida para crecer pero también es capaz de destruir.

Mediante las palabras expresas tu poder creativo, revelas todo, tu intención se pone de manifiesto, lo que sueñas, lo que sientes, lo que realmente eres.

Las palabras tienen el poder de dar vida o muerte, libertad o esclavitud. Se impecable con tus palabras úsalas sabiamente.

En el libro de Génesis, Dios dijo: "Sea luz, y fue luz"; luego dijo: "Haya expansión en medio de las aguas y separe a las aguas" Y así fue; entonces dijo: "Hagamos al hombre a su imagen", con la misma autoridad que la suya para hablar y hacer, hablar y producir. Todo lo que digas, creyendo, será hecho.

139

J. MANUEL SANCHEZ

CAPITULO IX

HERRAMIENTAS PODEROSAS

- **Afirmaciones:**

Las afirmaciones son las bases de lo que quieres crear, no permitas que las afirmaciones negativas te limiten; dale instrucciones a tu mente subconsciente con afirmaciones positivas que construyan y lo que deseas lograr y en quién quieres convertirte. Haz declaraciones de tus creencias comenzando con tu lenguaje y luego visualiza tus declaraciones.

- **Frases de Éxito:**

El éxito requiere de esfuerzo, energía, tiempo, voluntad y, por, sobre todo, dominio propio y constancia de persistir hasta el final.

La mejor virtud de la gente de éxito es creer en sus sueños, en su potencial y en su habilidad para transformar el fracaso en éxito.

"Un líder es aquel que conoce el camino, transita el camino y muestra el camino". John C. Maxwell

"Una mente llena de dudas no se puede concentrar en la victoria". Arthur Golden.

"La grandeza radica no en ser fuerte sino en el correcto uso de la fuerza". Henry Ward Beecher.

"El éxito es la aplicación diaria de la disciplina". Jim Rohn.

"El éxito llega para todos aquellos que están ocupados buscándolo". Henry Thoreau.

"El éxito es fácil de obtener, lo difícil es merecerlo".

"El éxito en la vida consiste en siempre seguir adelante".

"La confianza en sí mismo es el primer paso para el éxito".

"Tener éxito en la vida no es llegar a tener fama, sino a realizar aquello que realmente deseas".

"El éxito de la vida no está en vencer siempre, sino en no desanimarse nunca".

"El éxito va acompañado de la fe que tengas para lograrlo".

- **Frases sobre el Fracaso**

El fracaso es parte del proceso de aprendizaje, no significa que no tenemos lo que se necesita, significa que necesitamos hacer algo de manera diferente.

El fracaso desafía tus paradigmas y suposiciones.

Fracasar no significa que somos fracasados o inferiores... significa que no somos perfectos y todavía no hemos triunfado.

Fracasar no significa que nunca lo lograremos... significa que nos tomara un poquito más de tiempo.

Fracasar no significa que debiéramos rendirnos... significa que podemos comenzar de nuevo y con más fuerza.

Fracasar no significa que hemos desperdiciado nuestra vida... significa que tenemos una razón para.

- **Coaching**

En muchas ocasiones posiblemente te has encontrado en situaciones en las que no encuentras la salida y quizás un amigo, un familiar o alguien que apenas conoces dice algo o te pregunta algo y en esa reflexión encuentras tus respuestas o la salida a una situación. En la experiencia que te compartí en la introducción, para mí fue crucial las preguntas que me hizo el facilitador del taller en el que participe. Al responder pude mirar la importancia del apoyo de otras personas y de las preguntas poderosas, la oportunidad de salir de mis pensamientos habituales y pensar en otras posibilidades.

Es muy común que moldeamos y pensemos de una forma muy parecida a la gente con quien nos relacionamos; si pasamos el mayor tiempo con personas negativas o estamos escuchando constantemente de fracasos, frustraciones, resentimientos etc., entonces estaremos adoptando actitudes muy similares, es por esto que es importante que mires con quién o en que estas invirtiendo tu tiempo, de esto dependerá en gran parte tu actitud positiva o negativa y tus resultados.

Hay personas que te estimulan animan, e inspiran y otras que te neutralizan, desmoralizan o te derrumban, requieres seleccionar con quien relacionarte y qué pensamientos y emociones dejas entrar a tu vida. Las palabras de aliento, convicción, y de estima pueden producir en ti el ánimo, el carácter y la fe para lograr lo que te propongas.

La gente de éxito siempre tiene gente a su lado. En la política, los negocios o los deportes, hay gente como consejeros, mentores, coaches, etc. Reconocer que no sabemos todo y que requerimos de apoyo requiere honestidad y humildad. Busca acompáñate por gente que puede apoyarte en tu camino al éxito.

Mentor:

Es excelente forma de desarrollo personal. Un mentor es aquella persona que ha encontrado el éxito en algún aspecto importante, la habilidad, los conocimientos, las conciencias, y lo tomas como modelo. Un Mentor comparte generosamente su sabiduría y tú decides si la aceptas. El Coaching puede abrirte a las posibilidades de buscar un mentor que te apoye en una área específica que requieres trabajar.

Coaching:

Es una disciplina que apoya a transformar nuestros pensamientos limitantes en posibilidades exitosas.

Empodera a las personas a crear posibilidades que antes no se imaginaron. Y realizar metas y objetivos en todas las aéreas del ser humano, apoyan en la creación de estas y de una visión de vida.

El Coaching puede apoyarte a plantearse las preguntas que te permitirán encontrar las respuestas que necesitas. Los autores de muchos libros afirman que pueden guiarte en la búsqueda de la fórmula mágica de la felicidad, el éxito y la satisfacción. El Coaching te apoya a que te conectes con tu ser y crear tú mismo, tu propia fórmula mágica. Las respuestas ya están contigo, el Coaching te mostrará cómo y dónde encontrarlas.

Utilizar la ventaja de experiencia, educación, habilidad nata, imaginación de tu propia mente o de otras mentes. No existe una persona que tenga todas estas capacidades.

* **Apréciate:**

Quererte y Respetarte a ti mismo son condiciones absolutamente necesarias para triunfar en la vida.

La Autoestima es reconocer que vales mucho, que tu riqueza verdadera es quien tu eres, en como piensas y lo que sientes. Tu mente y tu corazón son tu riqueza.

Tú vales por lo que eres, no por lo que otros dicen de ti. Tú vales por ser persona, por ser humano único. Nadie puede hacerte sentir mal sin tu consentimiento. Tienes el poder y el derecho de elegir tu reacción ante lo que te digan o hagan, sin importar quien lo diga o lo haga.

Para elevar tu autoestima, ten respeto por ti mismo. Cuídate en lo Físico, Mental y en lo Espiritual.

- **Conecta con tu Interior**

Has meditación:

Existen muchas formas de meditar, no depende de la religión que practiquemos, existen muchas formas de entenderla y describirla. Meditar es muy fácil y sencillo, es conectar con tu Ser de manera libre y honesta, sentir nuestra esencia, escuchar nuestra voz interna.

Una meditación activa es usar la imaginación dinámica, para sanar situaciones del pasado, canalizar tu energía, es el encuentro con tu yo interior y encontrar tus propias respuestas.

La meditación pasiva es la forma más usada, para analizar las emociones y parar los pensamientos; es estar atento a la respiración o repetir un mantra; es abandonar el ser mundano y elevarse al Yo superior y descubriendo el verdadero ser.

Meditar en movimiento se realiza por medio de ejercicios del cuerpo, controlando el flujo de energía y el conocimiento de sí mismos.

Existen muchos beneficios:
Estar en armonía contigo mismo y con los demás.
Estar en el presente.
Reduce las emociones negativas.
Clarifica tus ideas y pensamientos.
Fortalecer la voluntad.

Has Oración :

"Todo lo que pidáis al Padre en mi Nombre os lo concederá. Lo que os mando es que os améis los unos a los otros"

Juan 15:16-17

En todas las religiones se usa la oración, incluso personas que no son religiosas buscan un encuentro con el creador por medio de la oración.

La oración es la comunicación con Dios. La fe en la oración significa descanso emocional y consuelo para millones de personas desde los inicios de la existencia humana.

Por medio de la oración se puede encontrar el perdón, paciencia, esperanza, amor, desapego, y autoconocimiento.

Puedes aprovechar la sabiduría de la oración para inspirarte, manejar tus emociones, sanar, sentir descanso y paz.

Es la conexión con Dios, Él te habla todo el tiempo, la oración te transforma, abre tu comprensión y eleva tu conciencia.

"Tu cuando reces, entra en tu pieza, cierra la puerta y reza al Padre, que comparte tus secretos, y tu Padre, que ve los secretos te premiará".

Mateo 6:6

- ## **Desarrolla el Poder de la Mente:**

Desde que nacemos nuestro cerebro está absorbiendo todo sin poner límites, es como una esponja. Nuestro subconsciente lo almacena todo, conforme vamos creciendo, nos damos cuenta de que hay ciertas cosas que nos hacen daño, y hay ciertas cosas que nos producen placer, entonces aquellas que nos producen dolor o sufrimiento las bloqueamos de tal manera que inconscientemente nos alejamos de ellas y evitamos s volver a experimentarlas.

Durante todo el día y toda la noche nuestro cerebro está trabajando, estamos pensando una infinidad de cosas distintas. Es como si pasara constantemente por nuestra mente una película cinematográfica.

Entre tantas ideas diferentes, nos detenemos a contemplar, examinar o estudiar más las que nos han estimulado el sentimiento. Puede ser que nos produzcan sentimientos negativos como de temor, apatía, lastima, desagrado, etc. o sentimientos positivos como de simpatía, agrado, felicidad, etc. No importa qué sentimiento sea, el hecho es que la idea nos interesa tiene prioridad en nuestra mente y quizás la comentamos con alguien y la repasamos más tarde, esto es meditar, y lo que así se medita pasa al subconsciente y se graba allí.

Una vez que se graba una idea en el subconsciente se convierte en un reflejo automático. Y cada vez que ocurre en tu vida algo semejante a esa experiencia, el subconsciente busca de manera automática y conecta con esa idea que ya está grabada, reaccionando de manera automática de la misma manera que cuando sucedió. Tú adoptas una actitud de acuerdo con el sentimiento original, de lo que sentiste y de la idea te formaste esa experiencia.

En ocasiones quizás alguien te ha tocado un punto clave y tú has reaccionado; quizás te has golpeado el codo y haz sentido un impulso eléctrico hasta tus dedos, o quizás has visto cuando un Doctor le ha dado a un paciente, un golpecito en la rodilla con un objeto y su pierna se levanta automáticamente, de esta misma forma el subconsciente opera de manera automática.

El subconsciente no distingue en positivo o negativo, no debate, no decide nada, no opina, ni piensa por sí solo. Su única función es la de reaccionar poniendo a la orden el reflejo que se le ha dado. Es como un secretario o un archivador automático, no descansa ni falla jamás. Tampoco tiene sentido del humor, no distingue cuando una orden ha sido dada como una broma o en serio. Si tú por alguna razón dices algo como broma o chiste tu subconsciente lo tomara como una petición y tratará por todos los medios de cumplir esta tu petición.

A través de nuestra vida hemos escuchado decir muchas cosas y creencias. Desde nuestra niñez hemos escuchado a nuestros padres, maestro, familiares, amigos, hemos leído en los periódicos, escuchado en la radio y visto en la televisión, y muchas de estas creencias son falsas, pero las hemos adoptado como propias y con ellas hemos formado nuestros paradigmas. El subconsciente actúa de manera automática de acuerdo con estos paradigmas, manifestándose en ciertas actitudes y ciertas acciones que determinan nuestros efectos y resultados.

En nuestra mente existe una acumulación de opiniones, convicciones o creencias erróneas. Identifica que pensamientos negativos no estás manejando y transformarlos en positivos.

Somos seres únicos, con un ADN y huellas digitales únicas, fuimos creados como un diseño único y para un propósito especial que solamente nosotros podemos completar, las expresiones del creador son infinitas; requerimos conectar con nuestro ser interior y reconocer la verdad.

"Conoce la verdad y ella os hará libres"

Jesús.

Quizás te has preguntado por qué ciertas personas tienen éxito, como y de qué manera lo consiguen, de donde obtienen la energía, la motivación, el empuje, todo aquello que les lleva invariablemente a conseguir sus metas y hacer realidad sus sueños, y porque hay otras personas que pareciera que ellos mismos van en contra de todo aquello que quieren conseguir.

Nuestro propio cerebro nos frena y no nos deja llegar a desarrollar todas nuestras capacidades, que son infinitamente superiores a las que mostramos siempre.

Los procesos subconscientes son siempre constructivos y tienden hacia la vida. Tu subconsciente es el edificador de tu cuerpo y mantiene todas tus funciones vitales. Está trabajando 24 horas del día y nunca duerme. Siempre está tratando de ayudarte y te protege de todos los daños.

Tu mente subconsciente está en contacto con la vida infinita y la sabiduría ilimitada, y tus impulsos e ideas siempre tienden hacia la vida. Las grandes aspiraciones, inspiraciones y visiones para una vida más espléndidas y noble, surgen del subconsciente. Diciendo que te levantes, que trasciendas, que crezcas, qué avances, que aventures y que aspires a mayores alturas.

Grandes artistas, músicos, poetas, oradores y escritores sintonizan con sus poderes subconscientes y se animan e inspiran.

En nuestro mundo interior existen pensamientos, sensibilidad, poder, luz, amor, belleza y este mundo refleja nuestro mundo exterior.

El éxito no solo es riqueza económica, es también riqueza espiritual, mental, emocional y paz interior, Éxito significa vida exitosa, vivir en paz, feliz y hacer lo que nos gusta y queremos hacer.

El poder del subconsciente puede.
- Sanar la mente.
- Generar riqueza.

- Mejorar las relaciones.
- Perdón.
- Eliminar miedos.
- Sanación física.

Conéctate con tu interior, tu mayor riqueza, el subconsciente es como un imán atrae todo lo que tú deseas.

Puedes utilizar diferentes técnicas o métodos para conectar con tu poder Interno.

Técnicas prácticas en las curaciones mentales

- Técnica de encargo al subconsciente durante el sueño.
- Técnica de visualización. Imagínalo como que ya lo tienes.
- Técnica de Baudio. Decir frases en estado de somnolencia.
- Técnica del sueño. Mencionar frases antes y después de dormir.
- Técnica de gratitud por lo que tienes y lo que aún no tienes.

- Terapias sugestivas. El poder de la fe y esperanza.
- Terapia de la oración.

Métodos prácticos

- Método de la película mental (Imagínalo como sucederá).
- Método afirmativo (Desiste de todo lo negativo).
- Método argumentativo (Argumentar al interior que la enfermedad es un pensamiento oscuro).
- Método de la decisión (Estar claro y declararlo con decisión).

• Preguntas Poderosas

¿Qué haría si supiera que no puedo fallar?

¿En qué me estoy convirtiendo?

¿Qué estoy haciendo con relación a mis valores?

¿Para qué hago esto?

¿Qué estoy aportando?

¿En donde centro mi atención?

¿Cómo estoy utilizando mis dones?

¿Qué me está costando soltar?

¿Qué me inspira?

¿Qué pensamientos me apoyan?

¿Qué me está funcionando?

¿Qué quiero?

¿Qué acciones voy a tomar?

¿Cómo estoy comprometido?

ENCUESTA

Esta encuesta esta fue realizada con 100 personas mayores de 18 años, hombres y mujeres atreves del Internet, facebook y en persona; los resultados aparecen por porcentajes.

1. En una palabra ¿Que es éxito?
   Ser Responsable, Triunfo, Felicidad, Tener, Equilibrio, Tener resultados esperados, Perseverancia, Completar una meta, Balance de vida, Logros, Amor, Plenitud, Hacer lo que amas, Efímero, Armonía.

2. ¿Te consideras Exitoso?
   72.8% Si,   27.2 No.

3. ¿En qué área crees que está el éxito?
   Familia 79%,
   Finanzas 16%,
   Espiritual 3%
   Profesión 1%.

4. ¿Cuál sería tu fórmula del éxito?
   Equilibrio+Paciencia+Amor+Compromiso,

50%
Tenacidad y Perseverancia, 17%
Ser+Hacer+Tener 16%
Logros y Felicidad, 16%
Saber que quieres más enfoque, 1%

5. ¿Cual es tu más grande fracaso?
   Material, 33.3%
   Financiero, 33.3%
   Relaciones, 16.6%
   Profesión, 16.6%
   Familiar, 0%

6. *¿Crees que el dinero es símbolo de éxito?*
   Si, 50%   No, 50 %

7. *¿Te sientes fracasado/a?*
   No, 91%   Si, 9%

8. *¿En qué porcentaje crees que la gente tiene éxito?*
   El 23% dijeron que el 65%
   El 7.8% dijeron que el 80%
   El 7.7% dijeron que el 100%
   El 7.6% dijeron que el 25%

CONCLUSIONES

Este libro es el resultado de meses de investigación y aprendizaje para la certificación como Life Coach, de Amerilideres. Una decisión que surgió después de vivir mi proceso de transformación y reconectarme con mi visión de vida, apoyar a otras personas a reencontrarse con sus sueños. Así como me han apoyado mis mentores y Coaches en este proceso.

Durante el proceso tuve la oportunidad de presentar una video conferencia con el tema "La mente Subconsciente" y en esa ocasión, no tuve el resultado esperado y la experiencia fue no muy grata, me sentí frustrado, puedo decir que fue un fracaso. Cuando hice una evaluación pude ver que tuve fallos técnicos, me faltó preparación, los nervios me ganaron, etc. Entonces utilice la herramienta de rediseño, me prepare mejor, fui proactivo y tenía un plan a, b y c, en caso de fallos técnicos, aplique precisamente técnicas de visualización que se mencionan en el libro "El poder del subconsciente" de Joseph Murphy; todo esto me apoyó para que en la segunda acción, presentará el tema con resultado satisfactorio. Fue increíble para mí el poder experimentar que si funcionan las técnicas y herramientas cuando las aplicamos a un fin específico.

En el proceso del cuestionario para la tesis, conocí a Don José, uno de los casos que aquí presento, el estaba experimentando un fracaso financiero, la pérdida de su trabajo y eventualmente de su casa, esto le había provocado alcoholismo y depresión, durante la entrevista me contó lo que había sucedido y cómo se sentía, la frustración y decepción por ese fracaso.

Conocí también a Guadalupe quien también tuvo un caso de pérdida de su casa y me conto como le había afectado a toda la familia especialmente a su mamá una señora de 72 años que estaba muy acostumbrada al lugar y le estaba costando mucho trabajo adaptarse al nuevo lugar.

Así mismo me identifique con estos casos, pues yo mismo había pasado la pérdida de nuestra casa, uno de los fracasos más significativos en mi vida, perder la casa donde se han vivido momentos y experiencias hermosas, perder la esperanza de un lugar propio donde se han depositado los sueños; nada fácil el desprenderse.

Así fue como tomé la decisión de investigar el tema

de los efectos después de una pérdida material y sobre todo como salir del fracaso. Es para mí importante apoyar a otras personas a salir del fracaso, reencontrarse con sus sueños a ser libres, simplemente SER, independientemente de los resultados, no quedarse en el fallo sino que hacerlo una y otra vez hasta llegar al éxito.

Con mucho respeto y de corazón dedico este libro a todos aquellos que se estén experimentando frustrados, desilusionados y sin ganas de seguir adelante; les hago la invitación de levantarse de nuevo, volver a soñar y entregarse, tomar acción y prepararse, para lo que es el éxito de su vida.

¿Qué es lo que en verdad Quieres?
Lo que sea…
¡Suéñalo!
¡Escríbelo!
¡Siéntelo!
Y actúa como si tu sueño ya es realidad.
Ponte en acción
Ten Paciencia
No busques fuera
No vivas de excusas ni quejas.
Tienes todo para triunfar
Para ser Líder e Inspirar a otros.
Para lograr tus metas.
Para vivir la vida que de verdad
Deseas vivir.
Puede ser que siempre has olvidado,
Lo increíble que eres.
Eres el Líder que buscas
Eres un modelo a seguir.
Simplemente hay obstáculos que vencer.
Hoy es el momento de olvidar el pasado
Y crear tu presente.
¡Libera todo tu potencial!
¡Vive con Pasión y Libertad!

BIBLIOGRAFIA

"*A Theory of Human Motivation*", Abraham Maslow (1943).

"Mi Primer Millon", Charles Albert, Chris Godefroy.

"Inteligencia Emocional", Daniel Goleman.

"*Teorías de la personalidad, de Abraham Maslow*", George Boeree (2003) Traducción: Rafael Gautier.

"Gente positiva, Gente negativa", Germán Castaños .

"Yo soy quien yo digo que soy", John Hanley (Conferencia, 2010).

"La imitación es una limitación", John Mason.

"*Como ganarse a la gente*", *John Maxwell.*

"*Tenga éxito en los negocios sin matarse en el intento*", *Grupo Editorial Norma SA, 2002. Kriegel Robert J, PH.D.*

"El poder del subconsciente", Joseph Murphy.

"*Desarrollo a escala humana*", *Max-Neef, Antonio Elizalde y Martin Hopenhayn* .

"El Olvido del Ser", Martin Heidegger.

"SU NOMBRE", Neville (Conferencia ,His name, 2-26-1963) Traducido por Javier Encina.

"El Juego de la vida", Neville (Conferencia *THE GAME OF LIFE, 3-7-1969)* Traducido por Penchi Quirch.

"Cómo superar el fracaso", Napoleón Hill.

"Pensamientos + Acción = Éxito", Napoleon Hill.

"*Riquezas sin límites, Atlas Guía de la economía verde*", *Paul Ekins, Realtytrac.com*

"*Padre Rico ,Padre Pobre*", *Robert T. Kiyosaki.*

"*El cuadrante del flujo de dinero*", *Robert T Kiyosaki.*

"Coaching para el Éxito", Talane Miedaner.

"El Poder de las emociones", Víctor Figueroa Garciadiego.

"*The Science of Getting Rich*", *Wallace D. Wattles.*

J. MANUEL SANCHEZ

Las dos caras del Éxito.

Enfrentando el fracaso

Cuando pensamos en el éxito lo imaginamos como el destino final, el lugar donde queremos estar para ser Felices. Nos han enseñado a ganar y no a perder, a través de nuestra vida nos han enseñado que fallar es malo. Estas creencias nos limitan y nos debilitan la autoestima. El fracasar lo consideramos lo opuesto al Éxito y lo encontramos como algo negativo que nos ocurre, un resultado no deseado que nos hace sentir mal. Nos provoca sensaciones o emociones negativas que en muchos de los casos nos resulta complicado superar.

En este libro encontrarás herramientas para convertir los fracasos temporales en escalones que te llevarán al Éxito en tu vida. Descubrirás como el fracaso solo es una interpretación y como te puede impulsar al Éxito.

J. MANUEL SANCHEZ

www.ingramcontent.com/pod-product-compliance
Lightning Source LLC
Chambersburg PA
CBHW021412210526
45463CB00001B/329